L'ATHÉISME

AUTRES OUVRAGES DU MÊME AUTEUR

A la librairie E. FLAMMARION :

Les Influences ancestrales (6e mille). 1 vol. in-18. . 3 50

La Lutte universelle (6e mille). 1 vol. in-18 . . . . 3 50

A la librairie A. COLIN :

Le Conflit. Entretiens philosophiques. 4e édit. 1 vol. in-16. 3 50

A la librairie FÉLIX ALCAN :

Théorie nouvelle de la vie. 4e édition. 1 vol. in-8, cart. 6 »

Le Déterminisme biologique et la personnalité consciente. 2e édition. 1 vol. in-16. . . . . 2 50

L'Individualité et l'erreur individualiste. 2e édition. 1 vol. in-16. . . . . 2 50

Évolution individuelle et hérédité. 1 vol. in-8, cart. 6 »

Lamarckiens et Darwiniens. 2e édition. 1 vol. in-16. 2 50

L'Unité dans l'être vivant. 1 vol. in-8. . . . . . . 7 50

Les Limites du connaissable. 2e édition. 1 vol. in-8. 3 75

Traité de Biologie. 2e édit. 1 vol. grand in-8 illustré. 15 »

Les Lois naturelles. 1 vol. in-8. . . . . 6 »

Introduction à la Pathologie générale. . . . . . . 15 »

Éléments de philosophie biologique. 1 vol. in-16. . 3 50

Bibliothèque de Philosophie scientifique

FELIX LE DANTEC

L'ATHÉISME

« Ce qu'il y a de terrible quand on cherche la vérité, c'est qu'on la trouve ! »

(R. de Gourmont.)

PARIS
ERNEST FLAMMARION, ÉDITEUR
26, RUE RACINE, 26

1907

AU PROFESSEUR ALFRED GIARD

Dieu merci, mon cher maître (voilà, je l'avoue, un début bizarre pour un livre sur « l'athéisme », *mais il faut bien parler français), Dieu merci, l'on n'est plus brûlé aujourd'hui pour ses opinions philosophiques; on n'a plus besoin d'héroïsme pour dire ce que l'on pense. Sans cela, vous devriez vous faire de sanglants reproches le jour de mon autodafé, car vous ne pouvez vous dissimuler la grande part que vous avez prise à ma formation intellectuelle.*

Non pas que, malgré votre penchant bien connu pour le monisme, je veuille vous forcer de souscrire par avance aux opinions exposées dans ce livre; ces opinions ne me viennent pas de vous; mais sans vous, je ne les aurais jamais exprimées.

Les mathématiciens m'avaient appris la précision du langage, et c'était déjà beaucoup; ce n'était pas assez, et je serais resté probablement toute ma vie un excellent élève, si je n'avais eu la bonne for-

tune de suivre vos leçons. Je ne croyais pas qu'il y eût autre chose à faire que de bien pénétrer la pensée de son professeur et de se l'assimiler sans y rien changer. Cela doit arriver d'ailleurs fatalement à ceux qui suivent un enseignement mathématique, car les mathématiques sont finies; la biologie, au contraire, commence ou va commencer.

Je n'oublierai jamais la première conférence que vous nous fîtes à l'École Normale en arrivant de Lille; si vos conceptions me séduisirent, me charmèrent profondément, je fus encore plus émerveillé de la leçon d'indépendance que vous nous donnâtes en terminant : vous nous proposiez, nous dîtes-vous, ces manières de voir comme étant celles qui vous paraissaient les meilleures, mais vous ne prétendiez pas qu'elles fussent définitives; vous nous engagiez à réfléchir nous-mêmes, et à nous faire des idées personnelles sur tous les sujets.

Ç'aura été un des grands événements de ma vie, d'avoir rencontré, à dix-huit ans, un maître qui, pratiquant la liberté de penser, l'enseignait aux autres. Le grain que vous avez semé en moi ce jour-là a bouleversé ma nature de disciple soumis. Avant d'avoir reçu votre empreinte, j'étais tout disposé à me faire un reproche de ce que, sur beaucoup de points, je ne pensais pas comme tout le monde; *j'avais honte de ne pas trouver claires des propositions que la* majorité compacte *déclarait admirables de netteté; je faisais des efforts pour com-*

prendre, et, quand je n'y arrivais pas, je renfermais dans un silence attristé mon humilité d'élève insuffisant.

J'ai pris ma revanche depuis que vous m'avez guéri du dogmatisme ; peut-être même ai-je dépassé la saine mesure (mais les oscillations sont dans la nature de l'homme comme dans celle du pendule). Peut-être, après avoir vraiment souffert de ne pas penser comme les autres, ai-je pris soin, au contraire, le cultiver les côtés singuliers de mon cerveau. Je uis trop bon déterministe pour croire qu'il eût pu n être autrement; je suis trop bon déterministe ussi pour me faire un mérite d'avoir pensé « suivant ma nature ». Du moins y ai-je trouvé de randes joies, et je vous serai éternellement reconaissant d'avoir écarté de moi le spectre stérilisant e l' « Autorité ».

Ty-Plad, 20 septembre 1906.

PREMIÈRE PARTIE[1]

CONFESSIONS, DÉFINITIONS

« Les athées sont pour la plupart des savants hardis et égarés qui raisonnent mal. »

(VOLTAIRE. *Dictionnaire philosophique* article : *Athéisme.*)

1. Les épigraphes des parties ou chapitres se rapportent au problème qui y est traité et non à l'opinion de l'auteur quant à la solution de ce problème.

L'ATHÉISME

PREMIÈRE PARTIE

CONFESSIONS, DÉFINITIONS

CHAPITRE PREMIER

Confessions.

§ 1. — GÉNÉRALITÉ DE L'IDÉE DE DIEU

L'idée de Dieu a joué un tel rôle dans les destinées humaines, elle a pénétré si profondément les mœurs, le langage et jusqu'à l'hérédité des peuples, que celui qui en est aujourd'hui dépourvu, celui qui n'a pas reçu cette idée en héritage et n'a pu l'acquérir par éducation, doit, me semble-t-il, être considéré comme un monstre par la majorité des hommes. Et s'il arrive que le monstre soit doué de sens moral (l'hérédité est si capricieuse dans la génération sexuelle qui est la nôtre !), s'il arrive que l'athée soit vertueux, son cas sera en même temps tératologique et paradoxal. Beaucoup de nos congénères affirment en effet qu'ils sont honnêtes, parce qu'ils craignent Dieu ; ils ne peuvent concevoir par conséquent qu'un athée ne soit pas vicieux et criminel, comme ils seraient eux-mêmes sans leur foi. Peut-être sont-ils trop modestes ; peut-être ont-ils en eux des raisons d'être bons et aimables, indépendamment de toute croyance religieuse ; mais enfin, il y a des hommes qui sont méchants, cela est certain. J'admets même, volontiers, qu'il y en aurait davantage si quelques-uns d'entre eux n'étaient retenus par la crainte d'un châtiment. Mais de ce que tous les hommes, croyants ou non, ne sont, en dépit de l'éducation, ni également bons ni également honnêtes, je puis bien conclure, sans hardiesse exagérée, qu'il y a, dans le patrimoine héréditaire de chacun de nous, une dose variable de bonté et d'honnêteté. Ces qualités innées nous viennent de nos ancêtres, et ont été acquises par eux comme le nez, la bouche et la logique ; cela, pour un évolutionniste, est indéniable ; suivant les hasards des accouplements, chaque homme vient au monde avec plus ou moins de nez, plus ou moins de logique, plus ou moins de vertu. L'éducation brode ensuite sur ce canevas ; on peut se casser le nez, perdre la raison, et même devenir méchant, ce qui est pourtant plus difficile à beaucoup que de se casser le nez.

Est-ce la crainte de Dieu qui a introduit dans l'hérédité de nos ascendants les qualités morales dont la génération sexuelle fait aujourd'hui à chacun de nous une distribution si peu équitable ? Les nécessités d'une vie sociale prolongée pendant des centaines de siècles, n'y sont-elles pas pour beaucoup, peut-être pour presque tout ? Ce n'est pas ici le lieu de discuter cette question. Mais, de même que la conscience morale qui provient de certains règlements sociaux survit, dans la descendance de l'homme, aux règlements dont elle est issue, de même des qualités ayant pour origine la crainte de Dieu peuvent subsister chez un homme dépourvu de toute croyance religieuse. C'est là le propre des caractères acquis; ils se conservent dans les êtres et dans leurs rejetons, en dehors des conditions qui les ont fait apparaître. Nul doute, néanmoins, que ces caractères, transmis par hérédité, puissent ensuite être renforcés par l'éducation, si les circonstances continuent à se trouver favorables ; une particularité résultant de la crainte de Dieu ou de la vie de société se développera plus complètement chez un individu qui continuera à craindre Dieu ou à vivre en société ; elle se développera aussi, quoique peut-être à un degré moindre, et cela pendant de nombreuses générations, même dans des êtres isolés et dépourvus de croyance religieuse ; un homme vivant seul aurait néanmoins une conscience morale qui ne rimerait plus à rien, comme il a un appendice du cæcum et des dents de sagesse. Ces organes rudimentaires ou *superstitions* (au sens étymologique du mot) ne disparaissent pas aisément; ils disparaissent cependant à la longue, et, si l'on veut discuter impartialement l'utilité sociale de l'idée de Dieu, il ne faut pas manquer de tenir compte des caractères introduits dans la nature de l'homme actuel par les croyances ancestrales. De ce qu'un athée fils de croyants est honnête, on n'a pas le droit de conclure qu'un peuple d'athées resterait éternellement honnête, pourvu, bien entendu, qu'on ait démontré le rôle des croyances religieuses dans la genèse des sentiments d'honnêteté, qui tirent peut-être leur origine de nécessités sociales.

Mais j'oublie que tout le monde n'admet pas l'hérédité des caractères acquis et son rôle dans la formation des espèces ; il est bien difficile à un homme vraiment pénétré de certaines notions, d'en faire abstraction pour discuter les idées des autres. Il faudrait que les croyants, pour discuter les athées, pussent oublier qu'ils sont croyants, et que les athées renonçassent à leur athéisme pour discuter la valeur de la foi. Or cela n'est pas seulement difficile, cela est impossible, puisque, chez les uns et chez les autres, la croyance et l'incrédulité font partie du mécanisme pensant.

Voilà encore une opinion d'athée, savoir que la pensée résulte d'un mécanisme déterminé ; je ne crois pas à la liberté, et cela est fondamental chez moi ; comment donc pourrais-je me faire comprendre d'un croyant doué de liberté absolue par cela même qu'il est croyant ? Cette liberté absolue serait la base de tous les raisonnements de mon interlocuteur, tandis qu'elle doit être exclue de tous les miens. Certains spiritualistes concilient le plus aisément du monde la liberté et le déterminisme ; de même les croyants admettent un Dieu tout puissant et entièrement libre dans une nature entièrement réglée ! Si cela est de l'hébreu pour moi, ce n'est pas ma faute. Il est vrai que les croyants deviennent logiques en admettant la possibilité du miracle, et là est, en effet, le seul point positif du débat ; un individu qui n'a pas l'idée de Dieu ne peut l'acquérir que si Dieu se manifeste à lui, et cela ne saurait arriver que par un miracle.

Un athée logique devrait devenir croyant s'il constatait un miracle ; mais comment constater un miracle, c'est-à-dire un accroc aux lois de la nature ? Il faudrait pour cela être sûr que l'on connaît toutes les lois de la nature et aussi toutes les conditions du phénomène observé. Qui oserait avoir une telle prétention ? J'ai écrit jadis que, si je voyais un miracle, je deviendrais croyant ; je crains bien de m'être vanté ! Si j'assistais à un phénomène qui me parût en contradiction avec les lois naturelles que je connais le mieux, je ferais probablement comme au théâtre Robert Houdin ; je chercherais la ficelle cachée, le phénomène surajouté et inconnu qui a créé l'apparence du miracle ; et si je ne trouvais pas, j'accuserais probablement l'imperfection de mes moyens de recherche. Il serait infiniment plus simple, me dira-t-on, de croire en Dieu comme les autres ! Croyez-vous donc que ce soit si simple ? Tapez sur une cloche aussi fort que vous voudrez, vous ne lui ferez pas donner un son autre que celui qu'elle *peut* donner ; vous la fêlerez seulement si vous insistez ; je suis comme la cloche, et mon mécanisme est adulte ; je ne puis pas devenir croyant, mais je puis devenir fou ; quelques-uns pensent peut-être que je le suis déjà !

Je ne serais pas vraiment athée si j'entrevoyais la possibilité de ne plus l'être.

§ 2. — RARETÉ DES ATHÉES PROPREMENT DITS

Y a-t-il beaucoup d'athées ? J'entends de vrais athées allant, avec leur logique d'athée, jusqu'au bout des conclusions inséparables de l'athéisme ? Je me défie des statistiques qu'on rencontre à ce sujet dans les livres et les journaux. En tout cas, il est certain que la grande majorité des hommes est imbue de l'idée de Dieu ; on ne saurait attribuer à l'athéisme le mouvement anticlérical si manifeste à notre époque ; plusieurs se disent athées sans avoir beaucoup réfléchi à ce que cela veut dire ; presque tous vont à Dieu en repoussant les prêtres, intermédiaires parasites ; presque tous souscriraient volontiers à l'orgueilleuse déclaration de Victor Hugo : « Je ne veux être assisté à mon chevet par aucun prêtre d'aucun culte ; je crois en Dieu ! »

Aujourd'hui donc encore, l'athéisme est mal porté. Voltaire le répudiait déjà et affirmait que « la saine philosophie en avait eu raison ». Les admirateurs de Spinoza et de Diderot s'efforcent de démontrer que ces deux philosophes n'étaient pas véritablement athées ; de même, les adorateurs d'une jolie femme n'avouent pas volontiers au public qu'elle a de fausses dents ou une maladie cachée ; l'athéisme est une tare regrettable, et que désavouent les plus indulgents mêmes des hommes « normaux ».

Heureusement, l'athéisme vrai, s'il a des inconvénients que je mettrai de mon mieux en évidence, porte aussi sa consolation avec lui. Celui qui ne croit pas à la liberté absolue ne peut avoir honte d'être ce qu'il est, ni en être fier. J'ai connu cependant des bossus qui avaient honte de leur bosse, quoiqu'elle leur fût venue bien malgré eux ; c'est donc que probablement l'athéisme fournit à l'homme plus de consolation que la scoliose, car je n'ai pas honte d'être athée. Je n'en tire pas gloire non plus, si je ne m'en cache pas, et je ne tiens pas à faire des prosélytes comme le renard de la fable, qui avait la queue coupée.

§ 3. — ATHÉISME INNÉ ET IDÉES PRÉCONÇUES

Je suis athée, comme je suis breton, comme on est brun ou blond, sans l'avoir voulu. Je n'ai donc aucune raison personnelle d'affirmer que l'athéisme vaut mieux qu'autre chose, n'ayant pu par moi-même goûter à autre chose.

« On devient cuisinier, on naît rôtisseur » dit le proverbe ; je crois pouvoir affirmer que je suis né athée, et je me demande si, comme pour les rôtisseurs, cela n'est pas indispensable à la « perfection de l'athéisme ».

Aussi loin que remontent mes souvenirs, je ne trouve pas trace en moi de l'idée de Dieu ; et cependant, j'ai été élevé comme les autres petits bretons de mon âge ; j'ai appris le catéchisme comme les autres ; j'ai même eu le prix de catéchisme au collège ; j'avais une mémoire extraordinaire, et j'aurais pu apprendre par cœur une page d'hébreu en quelques minutes ; j'ai appris le catéchisme comme de l'hébreu, sans me demander si cela signifiait quelque chose, uniquement parce qu'on me disait de l'apprendre. J'étais un élève docile et soumis; je ne me vante pas en disant que j'étais un très bon petit garçon, et l'un des moins méchants de mes camarades; j'avais un sentiment profond de mes devoirs et aucune prétention à des droits; j'ai même beaucoup souffert quelquefois de scrupules de conscience exagérés, mais je n'ai pas cru un instant à l'existence d'un juge infiniment clairvoyant qui punirait et récompenserait chacun suivant ses mérites. Non pas que je n'eusse l'idée de mérite et de culpabilité; au contraire, je l'avais très profondément ancrée quoique ne croyant pas à la justice immanente; c'est seulement bien plus tard, que des raisonnements philosophiques m'ont amené à rejeter la responsabilité absolue; même aujourd'hui que je n'y crois plus, j'en ai encore le sentiment aussi vif et aussi douloureux que dans mon enfance, mais mon système biologique me fait comprendre cette contradiction, et je m'en console.

Je me consolais moins, étant enfant, de ne pas être comme les autres; j'ai bien souvent regretté de ne pas partager la foi de mes jeunes amis, de ne pas croire ce qu'ils croyaient, ce qu'ils avaient l'air de croire, dirai-je plutôt, car, en toute sincérité, je ne pouvais pas m'imaginer qu'ils fussent tellement mieux doués que moi. Je les soupçonnais un peu de jouer la comédie par orgueil; de même probablement, eussent-ils cru à de la mauvaise foi de ma part, si je leur avais dit ce que je pensais; l'athée est aussi invraisemblable pour le croyant que le croyant pour l'athée. C'est seulement bien plus tard que j'ai admis l'existence de vrais croyants; il n'y a pas longtemps que je considère les athées comme des exceptions. Et même — au fond de moi — je suis obligé de me demander encore si je suis vraiment convaincu qu'il existe des croyants; les croyants se posent, m'a-t-on dit, la même question au sujet des athées....

Pendant toute ma jeunesse, d'ailleurs, je n'ai pas été préoccupé de questions philosophiques; j'ai commencé de bonne heure l'étude des sciences mathématiques et physiques; je me suis efforcé d'en apprendre le plus possible, sans me demander où cela me mènerait; j'ai continué d'être un bon élève, soucieux de satisfaire mes parents. Et quand j'ai eu l'idée de laisser les sciences exactes pour m'adonner aux sciences naturelles, ce n'a pas été le moins du monde à cause de l'intérêt philosophique qui s'attache à l'étude de la vie, mais par pure curiosité des choses de la morphologie! J'avais le désir d'apprendre ce que savaient les autres, et là se bornait mon ambition.

Mais les sciences naturelles ne sont pas comme les mathématiques; elles ne sont pas *faites*; si l'on veut s'instruire dans les livres, on rencontre des enseignements contradictoires; il faut donc choisir entre les théories; il faut se faire une opinion personnelle. Une leçon de Giard fit éclore mon sens critique et me donna horreur de l'autorité; brusquement je compris que je m'étais reproché sans raison de ne pas penser comme les autres, et je résolus de chercher par moi-même; mais je conservai quelque temps encore ma timidité primitive; elle est bien passée aujourd'hui, trop peut-être, et l'on pensera probablement que Giard m'a rendu là un mauvais service.

Naturellement, mon athéisme fondamental dirigea mes études. L'existence de Dieu n'expliquait rien pour moi, puisque je ne trouvais aucun sens à cette formule; je recherchai donc de préférence les explications que l'on appelle matérialistes; l'âme m'était aussi étrangère que Dieu; c'était pour moi un mot cachant une erreur.

L'illustre Metchnikoff vint s'installer au laboratoire de Pasteur, au moment même où j'y étais nommé préparateur; il était alors rempli de l'idée de la phagocytose, idée qu'il avait tirée de la zoologie et de l'embryologie, mais qui l'amena à abandonner ces deux sciences pour la pathologie; il me confia l'étude du phénomène correspondant chez les protozoaires, la digestion intracellulaire des proies capturées par ces petits animaux, dont quelques-uns, masses de gelée informe, représentent la vie sous son aspect le plus rudimentaire. Je trompai l'attente du savant russe, et négligeai immédiatement le côté pratique des études pour l'interprétation théorique des résultats observés. J'étais peu soucieux de savoir si une espèce d'amibe digérait la cellulose, une autre pas ; mais je fus très heureux de pouvoir m'expliquer à moi-même, sans faire intervenir aucune propriété *vitale*, le phénomène premier de la nutrition. Aujourd'hui, définitivement attaché aux questions d'explication mécanique de la vie, je suis ramené par l'observation de n'importe quel fait à mon dada favori, mais je me rends compte aisément que l'amibe, avec ses vacuoles digestives qu'on *voit* se former, et dans lesquelles on suit au microscope toutes les étapes du phénomène vital, était le sujet le plus propre à m'orienter vers la philosophie. De plus, les phénomènes étant relativement simples chez l'amibe, je pus m'imaginer bientôt que j'avais parcouru le cycle de toute la vie cellulaire ; fort de cette certitude, j'entrepris, avec la même méthode, l'étude des êtres plus élevés en organisation ; nulle part je ne trouvai de phénomène capable de faire changer mes convictions premières ; j'arrivai seulement, petit à petit, à plus de sagesse ; de métaphysicien matérialiste, je devins, à proprement parler, agnostique ; j'arrivai à me dire que je ne savais rien, mais que j'en savais cependant *au moins* autant que ceux qui s'imaginent savoir tout, trouver tout, dans un dogme quelconque ou dans Thomas d'Aquin.

Quoique convaincu de mon impuissance, je reste

convaincu aussi de l'*absurdité* des croyances de ceux qui croient en Dieu; c'est là ce qui constitue pour moi l'athéisme scientifique, ainsi que j'essaierai de le définir tout à l'heure.

Ai-je le droit de dire que je suis arrivé où j'en suis, sans idée préconçue? Je l'ai cru longtemps, et je confesse aujourd'hui que c'était une erreur. Athée par tempérament, j'ai consacré ma vie à des études qui, *m'a-t-il semblé*, m'auraient conduit à l'athéisme, si j'avais été croyant. Mais, si j'avais été croyant, je n'aurais pas dirigé mes études de la même manière; satisfait d'une explication, je n'en aurais pas cherché une différente. Ce qui rendra éternelles les discussions des philosophes au sujet de la vie, c'est qu'il est impossible d'étudier la vie sans idée préconçue, ou, du moins, sans avoir une tendance, marquée d'avance, à accepter de préférence tel mode d'explication. Je connais des hommes de grande valeur qui, ayant fait des études analogues aux miennes, ont conservé leurs croyances premières; j'avoue que cela m'étonne profondément; j'avoue même que, pendant longtemps, je n'ai pas cru à leur entière bonne foi, tellement l'évidence me paraissait lumineuse. Je pense qu'ils ont eu la même opinion à mon sujet, et cela me console d'avoir pensé du mal d'eux.

Il me semble donc qu'un livre comme celui-ci ne saurait modifier les idées d'un homme ayant déjà son siège fait. Je resterai athée après l'avoir fini, et le lecteur aussi s'il l'était ; sinon il restera croyant comme devant ; le plus curieux serait qu'un athée, l'ayant lu, devînt croyant ; mais cela n'est pas impossible, car bien des athées n'ont pas voulu voir toutes les conséquences de l'athéisme ; or, je n'en déguiserai aucune, du moins de celles que je connais, et il en est qui ne sont pas pour plaire à tout le monde.

Pourquoi, dans ces conditions, avoir écrit ce livre, s'il doit déplaire à tant de gens, et tourner contre moi une partie au moins de ceux qui, jusqu'à présent, accueillaient mes productions avec faveur. Il est difficile à un athée convaincu d'avoir un but lointain ; je n'en ai pas ; je ne suis pas de ceux qui pensent que le pommier a un but en donnant des pommes ; il donne des pommes suivant sa nature : je fais comme le pommier. S'il est permis cependant à un pauvre psychologue comme moi d'essayer de démêler les raisons qui m'ont poussé dans cette affaire, je crois bien que je trouve les principales dans les attaques dont j'ai été l'objet de la part de beaucoup de feuilles religieuses. On m'a accusé de perfidie et de sottise, et j'avoue que cela m'a plutôt amusé ; mais on m'a excommunié une fois pour toutes, en déclarant que mon système biologique conduisait à l'athéisme le plus pur ; or l'athéisme est condamné définitivement par tous les grands esprits de l'humanité, depuis Bacon jusqu'à Descartes, même par Voltaire! donc...

Au lieu de me défendre d'être athée, j'avoue sans honte que je le suis, et je prétends montrer que cela ne m'empêche pas d'être logique ; je ne ferai pas autre chose dans ce livre, dont je dirai seulement, comme fit Montaigne, que c'est « un livre de bonne foy » ; cela ne voudra pas dire que c'est un bon livre; je le donne pour ce qu'il vaut.

Évidemment, la foi est plus commode. Il est très difficile de se débrouiller au milieu du chaos des phénomènes, si l'on renonce à une synthèse adéquate à l'esprit humain, calquée dessus, faite à sa mesure. Mais, n'est pas croyant qui veut! J'ai été obligé, ne pouvant être croyant, de faire de grands efforts pour me raconter les choses d'une manière convenable: j'y ai du moins pris beaucoup de plaisir, et cela n'est pas vain ; j'ai été payé de ma peine.

On me dira aussi que le moment est mal choisi pour publier, en France, une profession de foi d'athéisme ; il n'est pas élégant de se mettre du côté du manche ; mais, anticléricalisme ne signifie pas athéisme, et je m'attends à être désapprouvé par la grande majorité de mes concitoyens; à notre époque, quoi qu'on dise, il existe une infime minorité d'athées. En admettant même que j'aie été assez peu désintéressé pour m'attendre à être récompensé d'avoir écrit suivant ma conscience, ce ne serait pas aux croyants de me blâmer puisqu'ils espèrent que leur foi leur vaudra le paradis. Depuis quelque temps d'ailleurs, quelques-uns d'entre eux ne réservent pas aux seuls croyants les félicités éternelles, et pensent que les hommes de bonne foi ne seront pas punis de leur aveuglement.

Dans une conférence contradictoire, inutile comme toutes les conférences contradictoires, mais qui, du moins, ne fut pas ennuyeuse, l'abbé Naudet voulut bien promettre au public surpris de l'Université populaire du Faubourg-Saint-Antoine, que j'irais au paradis avec lui. De l'assistance, une voix s'éleva, qui émit des doutes, non pas, ce qui eût été bien naturel, sur la probabilité de mon admission future au séjour bienheureux, mais sur l'accueil qu'y pouvait attendre l'excellent abbé lui-même ; « il était, disait-on, trop libéral, et le Syllabus condamne les curés libéraux » ! Je ne suis pas docteur en théologie (on ne s'en apercevra que trop en lisant ce livre), et je ne sais pas si l'Église approuve ou condamne l'indulgence bien connue du sympathique directeur de « la Justice sociale », mais je suis convaincu qu'il parle suivant sa conscience, sans se demander ce que cela peut lui rapporter après sa mort — ou avant. La bienveillante parole qu'il prononça à mon sujet prouve qu'il sait bien que je fais comme lui ; je pense comme je peux, et je ne pourrais pas penser autrement, ni l'abbé Naudet non plus; nous ne méritons donc ni récompense ni blâme pour des opinions dont nous ne sommes responsables ni l'un ni l'autre. Telle est, du moins, ma manière de penser à moi, déterministe qui ne crois pas à la liberté; l'abbé Naudet, qui y croit, aurait le droit d'être plus sévère pour moi, qu'il juge libre; il est plus indulgent que logique avec lui-même en m'amnistiant.

Le plus sage est de ne penser ni à des récompenses ni à des châtiments, et d'admettre la bonne foi de ses contradicteurs, même quand on est dans l'impossibilité de se représenter leur mentalité avec quelque vraisemblance.

C'est ce que je m'efforcerai de faire dans ce livre.

§ 4. — PLAN DE L'OUVRAGE

Après avoir défini, dans le prochain chapitre, ce que j'entends par athéisme, j'étudierai, dans la seconde partie, les conséquences sociales de cet état d'esprit; je chercherai quelle a été l'importance de l'idée de Dieu dans la genèse de la conscience morale de l'homme actuel, et j'envisagerai la question de la conservation possible de cette conscience morale à travers les générations futures supposées privées de l'idée de Dieu. Dans cette seconde partie, je serai souvent hésitant et troublé.

Du moment qu'on renonce à des principes ayant si anciennement fait partie de la nature humaine, ou du moins qu'on cesse d'attribuer à ces principes une valeur métaphysique absolue, on est un peu comme un vaisseau qui, abandonnant le vieux gouvernail traditionnel, en a adopté un nouveau, plus perfectionné peut-être, mais dont il ne sait pas encore se servir. De là des contradictions, des fluctuations dans toutes les questions d'ordre social. Quand il s'agit de sociologie, je me ferais volontiers croyant pour discuter avec un athée, comme je suis athée pour discuter avec un croyant; ce qui me frappe, en effet, dans la discussion, c'est surtout le mauvais côté du système que défend mon interlocuteur; l'esprit de contradiction ne peut manquer à celui qui cherche encore des principes de conduite définitifs.

J'avoue d'ailleurs que je ne m'attendais pas, en commençant mes études biologiques, à m'occuper un jour de leurs conséquences sociales; j'ai fait longtemps du déterminisme en étudiant la vie des autres animaux, sans me douter que je serais forcé, plus tard, de retrouver la même chose en moi; j'ai continué de vivre avec les principes métaphysiques et moraux qui faisaient partie de ma nature, sans me demander s'ils n'étaient pas en contradiction avec mes convictions scientifiques. Il y a quelques années seulement, en faisant un examen de conscience philosophique que j'ai exposé dans le livre intitulé « les Lois naturelles[1] », j'ai entrevu la possibilité de me débarrasser *vraiment* de toute métaphysique; et souvent, depuis, je me suis demandé si l'homme actuel peut vivre sans métaphysique. Dans la seconde partie de ce livre je ferai donc, en réalité, le procès de l'athéisme, et il ne sera pas étonnant que je manque d'assurance dans une affaire où il s'agit surtout de me condamner moi-même.

Dans la troisième partie, au contraire, je me placerai au point de vue scientifique pur, sans me rappeler quelles conséquences sociales peuvent entraîner les vérités, indiscutables à mon avis, de l'athéisme scientifique ou *monisme*; j'envisagerai donc, cette fois avec une parfaite sérénité, les objections faites par divers auteurs au déterminisme biologique que je défends, depuis quinze ans, dans tous mes ouvrages. Je n'hésite pas quant au monisme lui-même. Je me demande seulement si, pour l'homme actuel, avec les erreurs ancestrales qui font partie de son mécanisme, il était bon de découvrir ces erreurs; je reproduirai même une conférence dans laquelle, sans me préoccuper de ses conséquences sociales, je demandais que l'on fît du transformisme la base de l'enseignement de la philosophie.

1. Paris, Alcan. 1904. Le lecteur trouvera dans ce livre l'étude approfondie des questions scientifiques que je me contente d'effleurer ici.

Tant qu'on reste sur le terrain scientifique, on n'hésite jamais à proclamer « ce que l'on croit être la vérité »; c'est seulement sur le terrain social que l'on peut regretter, quelquefois, d'y avoir vu trop clair, et dire, avec M. de Gourmont : « Ce qu'il y a de terrible, quand on cherche la vérité, c'est qu'on la trouve! »

CHAPITRE II

Définitions. — Discussion des preuves de l'existence de Dieu.

« Il y a un Dieu, puisque j'y crois. »
(Tout le monde.)

---

§ 5. — LA DÉFINITION DE L'ATHÉISME RÉSULTERA DE LA DISCUSSION DES PREUVES DE L'EXISTENCE DE DIEU

Autant que j'ai pu le comprendre dans les livres, les croyants ne s'entendent pas tous sur ce qu'ils appellent Dieu; mais ils s'entendent en revanche pour déclarer que l'athéisme est absurde. Je pense que les athées sont comme les croyants, et ont pour seul caractère commun de déclarer dépourvues de sens les affirmations de ceux qui croient. Cela est bien humain; on s'entend plus facilement *contre* quelqu'un que *pour* quelque chose ; dès qu'une doctrine triomphe, des schismes naissent.

D'abord, une chose m'a toujours profondément

étonné, c'est que les croyants de tous les temps ont cherché et donné des *preuves* de l'existence de Dieu. Et, naturellement, toutes ces preuves sont irréfutables pour ceux qui les utilisent ; malheureusement, elles ne le sont que pour eux ; elles prouvent *qu'ils croient en Dieu*, et voilà tout.

La démonstration d'un théorème de géométrie est à l'usage de tous ; elle entraine chez tous une certitude indiscutable ; chez les croyants, la certitude de l'existence de Dieu préexiste à la démonstration ; la démonstration n'y ajoute rien. Il me semble que, si j'étais croyant, je n'aurais pas besoin de me demander pourquoi. Mais, me dira-t-on, il y a les athées comme vous qui niez l'existence de Dieu ; c'est à cause des athées qu'il faut des preuves, en vue de ceux que l'athéisme pourrait influencer. S'il y a des athées, cela prouve simplement que les preuves de l'existence de Dieu ne valent rien. Elles sont bonnes pour ceux qui croient, et qui, par conséquent, n'en ont pas besoin ; elles sont inefficaces pour ceux qui ne croient pas, et c'est même une grande imprudence que de donner de telles preuves, car un athée, les ayant jugées insuffisantes, se trouvera, par là même, plus autorisé à se proclamer athée. On ne saurait attaquer le croyant qui se contente d'affirmer sa foi ; on peut discuter les raisons qu'il en donne, s'il a la témérité d'en donner. Les Pensées de Pascal sont, à mon avis, le livre le plus capable de renforcer l'athéisme chez un athée. En déclarant, d'ailleurs, que « la foi est un don de Dieu », le catéchisme ne laisse aucun espoir à ceux qui voudraient l'acquérir ou la transmettre par le raisonnement.

On enseigne cependant les preuves de l'existence de Dieu aux élèves de philosophie. Je divise ces preuves, dites *classiques*, en deux catégories : celles que je comprends et celles que je ne comprends pas. Je discuterai les premières, car il ne suffit pas de comprendre un raisonnement pour l'admettre ; on peut énoncer, en termes fort clairs, un théorème faux ; j'ai donc le droit de chercher si, à des preuves énoncées en langage compréhensible, je ne puis trouver un défaut de logique.

Quant aux preuves de la seconde catégorie, je n'y puis voir qu'une expression de la mentalité de croyant ; elles ne sont pas accessibles à la mienne ; les comprendre serait les admettre ; elles résultent simplement, chez ceux qui les ont trouvées, de l'idée préconçue et indiscutée de l'existence de Dieu ; en d'autres termes, elles prouvent que leurs auteurs sont croyants et bien croyants.

§ 6. — LES PREUVES MÉTAPHYSIQUES

Dans cette seconde catégorie entrent presque toutes les preuves dites métaphysiques. Je n'en donnerai pour exemple que le raisonnement emprunté à Descartes : « Je sais que je suis, mais qui suis-je? un être qui doute, c'est-à-dire imparfait. Or, je ne puis considérer mon imperfection sans concevoir l'être infiniment parfait. Et cette idée ne peut me venir, ni de moi-même puisque je suis imparfait, ni du monde extérieur qui est plus imparfait encore. Il faut donc qu'elle me soit donnée par l'être parfait lui-même. » Si vous voyez là autre chose que du fatras inintelligible et des affirmations gratuites, c'est que vous êtes croyant vous-même et que ce « raisonnement » eût pu naître en vous, comme en Descartes. Quand on est *sûr* d'une chose, on n'a pas besoin de se fatiguer le cerveau pour la démontrer.

Cependant, en comparant cette « preuve » de Descartes à celle qui est connue sous le nom de preuve de Saint-Anselme, il me semble possible de mettre en évidence la pétition de principe résultant de l'idée de « perfection ».

« Nous avons l'idée d'un être parfait, dit Saint-Anselme ; or la perfection absolue implique l'existence, donc l'être parfait existe ».

La « preuve » étant donnée sous cette forme, on voit que le point de départ du raisonnement est l'existence, chez celui qui l'émet, de l'idée innée de Dieu ; elle pourrait se traduire en langage clair : « Nous avons l'idée de Dieu, or nos idées ne nous trompent pas, donc Dieu existe ». Cela suppose deux choses : 1° que l'homme a l'idée de Dieu ; 2° que nos idées ne nous trompent pas.

A la première de ces deux propositions je ne puis rien dire, sinon que je n'ai pas et que je n'ai jamais eu cette idée considérée comme commune à tous les hommes ; mais c'est là une affirmation gratuite ; je ne pourrai pas la démontrer et les croyants ne voudront pas me croire. De même un daltonien vrai ne pourrait démontrer à des hommes normaux qu'il n'a pas l'idée de couleur. Je laisse donc de côté la première des deux propositions précédentes ; cependant la preuve de Saint-Anselme me permet de comprendre un peu mieux celle de Descartes, qui, si je ne me trompe, se ramène à ceci : « Nous avons l'idée de la gradation dans la perfection, donc il existe un être infiniment parfait ». Descartes, qui était mathématicien, savait pourtant que certaines grandeurs peuvent croître indéfiniment sans dépasser jamais une limite finie donnée, ou, si l'on préfère, que certaines courbes ont une asymptote horizontale.

Nous pourrions donc imaginer un être plus parfait que tout ce que nous connaissons sans être obligés pour cela d'admettre un être infiniment parfait ; je me demande d'ailleurs avec quel instrument on mesure la perfection, et comment Descartes a pu découvrir que le monde extérieur est plus imparfait que nous. Mais je laisse de côté ces considérations qui feront sourire les croyants ;

j'aime mieux en venir tout de suite à ce qui me paraît vraiment susceptible d'être scientifiquement discuté, savoir que « nos idées ne nous trompent pas ». C'est là le vrai champ de bataille entre les croyants et les athées; nous retrouverons la même affirmation dans les preuves dites morales, qui concluent, par exemple, de notre idée de justice, à l'existence d'un souverain juge.

Pour un évolutioniste convaincu de l'acquisition progressive de tous les caractères physiques ou psychologiques qui constituent aujourd'hui notre mécanisme, pour un philosophe qui croit à l'hérédité des caractères acquis, la forme absolue de nos idées n'a rien que de très naturel, et la genèse de ces idées se conçoit. J'ai longuement exposé cette question dans un autre volume[1] de cette collection de philosophie scientifique; je me contente d'y renvoyer le lecteur. Mais il me semble que, même sans faire intervenir la notion d'évolution, nous constatons en nous l'idée de bien des choses qui n'existent pas. Nous avons l'idée de la ligne droite, nous avons l'idée de la couleur, nous avons l'idée du son; or nous ne connaissons pas de ligne droite; direz-vous que la couleur existe, que le son existe? Je vous répondrai que la couleur résulte de la rencontre de certaines conditions ambiantes et d'un être vivant capable d'en être

1. *Les Influences ancestrales.*

impressionné (car il y a des daltoniens, comme il y a des athées), mais qu'il faut deux facteurs pour que la couleur existe, savoir : un état particulier de ce que les physiciens appellent l'éther et un homme claivoyant. Or nous avons (du moins ceux d'entre nous qui ne sont pas daltoniens) une idée si absolue de la couleur, que nous ne pouvons pas nous imaginer la couleur n'existant pas, même si tous les êtres vivants étaient détruits.

Cet exemple de la couleur me semble bon, mais il n'est pas irréfutable et permettra de discuter longtemps ; je reviens donc, quoique l'ayant déjà exploité ailleurs, et uniquement parce qu'il me paraît le meilleur de tous, à l'exemple tiré de la verticale absolue. J'ai l'idée innée de cette verticale. Si l'on doit me chercher querelle au sujet du mot inné, je dirai volontiers que cette idée, si elle n'est pas innée, c'est-à-dire si elle ne provient pas par hérédité d'une erreur ancestrale longuement accréditée, est née en moi naturellement, par la constatation erronée de la surface plane de la Terre. Qu'elle vienne de mon erreur personnelle ou d'une erreur identique longuement commise par mes ascendants pour les mêmes raisons, ce m'est tout un. En tous cas, j'ai cette idée de la verticale absolue ; il m'est impossible de m'imaginer un corps dans l'espace sans lui voir un haut et un bas ; autant que j'ai pu m'en rendre compte par des conversations, surtout par de naïves remarques d'enfants, cette idée de la verticale absolue est très répandue ; les Gaulois craignaient que le ciel leur tombât sur la tête, et mon petit neveu ne peut pas comprendre que la lune reste en l'air si elle n'est pas attachée. Cette idée est donc très répandue. Je n'oserais pas dire, néanmoins, que tous les hommes l'ont ; il y a peut-être des gens qui ne conçoivent pas de verticale absolue, comme il y a des athées ; je crois être dans le vrai en disant que l'idée de la verticale absolue est aussi répandue dans l'espèce humaine que l'idée de Dieu.

Or, l'idée de la verticale absolue est mathématiquement absurde ; il y a autant de verticales qu'il y a de points à la surface de la Terre ; celle de mon antipode est le contraire de la mienne ; c'est une oblique quelconque par rapport à ma verticale, pour un point quelconque autre que mon point antipode.

Cela, je le sais, j'en suis sûr.

Si j'avais en mes idées innées la confiance que professaient pour les leurs Saint-Anselme et Descartes, je dirais que les mathématiques ont tort, et que l'astronomie se trompe. Je préfère être plus modeste, et attribuer plus de valeur à l'expérience des hommes munis de tous les moyens d'investigation, qu'à celle que mes ancêtres où moi-même avons pu acquérir à l'aide de notre « seule faiblesse ». Je déclare donc que la verticale absolue est une absurdité ; mais cela ne m'empêche pas *d'y croire, d'en conserver la notion obsédante et nécessaire* ; cette notion fait partie de mon mécanisme d'homme, et la certitude qu'elle est fausse me donne le vertige *sans la détruire.*

Une telle constatation me permet, à moi athée, de me rendre compte de l'état d'esprit d'un croyant par rapport à l'idée de Dieu. Cette idée *existe en lui*, indépendamment de tout raisonnement et de toute preuve, comme l'idée de la verticale absolue existe en moi. Que les preuves classiques de l'existence de Dieu soient insuffisantes, celà n'a donc aucune importance pour les croyants. J'irai plus loin. En admettant même qu'on pût démontrer qu'il n'y a pas de Dieu, comme on a démontré qu'il n'y a pas de verticale absolue, cela n'enlèverait rien à la solidité des convictions d'un croyant, de même que mes études de cosmographie ne m'ont pas empêché de conserver la notion indestructible de verticale absolue, et de m'en servir tous les jours, dans tous les actes de ma vie courante qui n'ont pas de rapport direct avec l'astronomie.

Ce qu'il y a d'intéressant dans cette histoire de la verticale absolue, c'est qu'elle a toujours été mêlée aux dogmes religieux ; pour tout croyant naïf, Dieu est *en haut* ; Jésus est *descendu* aux Enfers et *monté* au Ciel où il est assis *à la droite* de Dieu. Les croyants qu'une solide éducation scientifique a mis en garde contre ces erreurs grossières, n'y voient plus, je le sais, que des symboles vénérables à cause de leur ancienneté; mais pour le troupeau des croyants illettrés, je crains bien que les symboles utilisés, par exemple, à chaque phrase du *Credo*, ne soient plus importants que les abstractions quintessenciées dans lesquelles se réfugie un dogme de jour en jour plus épuré. Quand on discute avec un théologien, il répudie naturellement tous ces symbòles, mais celà ne l'empêche pas de déclarer ensuite « que le dernier enfant d'une école chrétienne en sait plus long que les plus grands philosophes ». Serait-ce que les théologiens ont une doctrine ésotérique, entièrement différente de celle qu'on enseigne à la foule ?

§ 7. — LES PREUVES MORALES

La croyance dans la valeur absolue de nos idées innées est encore la base des *preuves morales* de l'existence de Dieu que je copie, ainsi résumées, dans un dictionnaire récent : « Le fait caractéristique de la vie morale, c'est la responsabilité, c'est-à-dire, d'une part, la liberté qui fait le mérite et le démérite de l'agent ; de l'autre, le devoir, règle qui s'impose par sa propre autorité et sans conteste. La présence dans les consciences humaines de cette loi universelle, invariable, nécessaire, implique évidemment l'existence d'un législateur absolu et d'un juge éternel devant qui tous les êtres moraux sont responsables ».

Il suffit de lire ces lignes pour être convaincu que toutes ces preuves morales reposent, comme ce qui est compréhensible dans les preuves métaphysiques, sur la certitude que nos idées et nos sentiments ne nous égarent pas. J'ai signalé ici ces preuves morales, parce qu'on les place ordinairement ainsi, après les preuves métphysiques, mais elles ont un rapport trop intime avec le rôle social de l'idée de Dieu pour que je ne renvoie pas leur étude au chapitre suivant.

§ 8. — LA PREUVE HISTORIQUE

Arrivons à la « preuve historique ». Elle se tire du fait que la foi religieuse semble avoir existé de tout temps chez tous les peuples, que cette foi religieuse se traduisit par la croyance en un seul ou en plusieurs dieux. Cette constatation n'ajoute rien aux preuves précédentes et se trouve annihilée par les mêmes arguments. L'idée de verticale absolue a existé d'une manière aussi générale, et cependant elle résulte d'une erreur que l'état peu avancé des sciences rendait nécessaire chez les peuples primitifs et rend encore nécessaire chez les enfants. En ce qui concerne l'idée de Dieu, les sciences ne sont pas encore assez avancées pour en montrer la vanité à celui qui en est imbu, mais elles le sont assez pour que cette idée ne s'impose pas nécessairement, par éducation, à celui qui n'en a pas la notion héréditaire.

Somme toute, la preuve historique montre seulement que l'homme est un animal religieux. Les croyants prétendent gratuitement qu'il est le seul; j'avoue ne pas saisir la nécessité de cette affirmation; la conscience morale est plus développée chez les abeilles ou les fourmis que chez les hommes, si l'on en juge du moins par l'ordre parfait de leur vie sociale; pourquoi ces remarquables insectes n'attribueraient-ils pas, comme nous, à un Dieu, la surveillance de lois sociales plus anciennes que les nôtres? Rien n'est plus commode que cette croyance en un souverain juge; elle diminue la nécessité d'une police, et pourrait même la remplacer complètement si elle était véritablement ancrée dans l'esprit des animaux; je ne comprends pas, dans ma logique d'athée, qu'un croyant vraiment croyant puisse ne pas être infiniment vertueux. Quand les enfants organisent un jeu et en posent les règles, ils seraient bien aises qu'un surveillant, visible ou non, en imposât l'observance à tous, et empêchât les camarades de tricher; mais les enfants savent qu'ils ont posé eux-mêmes les règles de leur jeu et ne leur attribuent pas une valeur absolue.

L'homme est donc un animal religieux; il l'est même depuis si longtemps que les athées doivent être une exception, un cas tératologique analogue à celui des daltoniens. Et il est vraisemblable que, malgré les athées, l'idée de Dieu, si ancienne dans la nature de l'homme, s'y conservera très longtemps dans les générations futures. Mais cela ne prouve pas que Dieu existe, pas plus que la verticale absolue dont les hommes ont également une idée indéracinable.

§ 9. — PREUVES PHYSIQUES TIRÉES DE L'EXISTENCE DU MONDE

Les preuves les plus célèbres sont les preuves dites *physiques* ; elles se rapportent à l'existence du monde et à l'harmonie universelle, et se résument dans deux vers de Voltaire :

> L'Univers m'embarrasse, et je ne puis songer
> Que cette horloge existe et n'ait point d'horloger.

Ces preuves sont donc tirées d'une autre propriété de l'homme, le *besoin d'explication.* Ce besoin est réel, on ne saurait le nier, quoiqu'il ne soit pas également développé chez tous.

Les sciences se bornent à des constatations ; les choses étant comme elles sont, allant comme elles vont, l'homme a, peu à peu, connu, par une expérience répétée au cours de toutes les générations, comment elles sont et comment elles vont ; du moins est-il arrivé à découvrir une partie des faits qui intéressent la conservation de sa vie ; c'est là, à proprement parler, ce qui constitue la *Science* ;

c'est un ensemble de conquêtes impersonnelles, utilisables pour tous; exprimées en langage humain, on les appelle « les lois naturelles »[1].

La découverte de celles qui sont connues aujourd'hui a été la chose la plus importante de l'histoire de l'homme, et lui a assuré une suprématie indiscutable sur les autres animaux qui en connaissent beaucoup moins que lui; grâce à la science, l'homme a, en effet, acquis des armes très puissantes dans la lutte qui constitue la vie; il est devenu le roi du monde vivant.

Mais, plus il avance dans cet ordre de conquêtes, plus il pénètre dans la constatation des faits, plus se développe son besoin d'explication. Ce besoin, je l'ai comme tous mes congénères, je suis donc loin d'en nier l'existence; il ne me conduit pas à croire en Dieu. L'homme est un animal épris de métaphysique, comme il est un animal religieux; je crois même qu'il est religieux parce qu'il est épris de métaphysique, et que l'idée de Dieu a été la première conséquence du besoin d'explication de nos ancêtres.

Je n'ai pas la prétention de deviner ce qui s'est passé chez nos ancêtres d'avant l'histoire, mais, convaincu que je suis de l'origine évolutive de tous nos caractères actuels, je n'ai pas peur de

1. J'ai publié il y a quelques années un ouvrage portant ce nom, et où j'ai essayé de me borner à l'étude des constatations qui forment la science.

me tromper beaucoup en prêtant à nos ascendants les plus anciens les idées et les sentiments qui font aujourd'hui partie de notre patrimoine héréditaire.

Parmi les événements qui se déroulaient autour des hommes, les plus familiers pour eux étaient certainement ceux dans lesquels un homme était acteur. Devant la constatation d'une déprédation, d'un meurtre, etc., la question qui se posait le plus naturellement à l'esprit de nos ancêtres (comme elle est encore la plus naturelle qui se pose à nous) était évidemment : « Qui a fait cela ? » Et la réponse : « C'est Joseph, c'est Abraham, etc. » donnait à la curiosité du questionneur une satisfaction parfaite. De là vient probablement, dans notre hérédité actuelle, le caractère qui fait que nous n'attribuons la valeur d'une *explication* qu'à une réponse de cette forme : « Qui a fait le monde? Dieu. » Voilà qui est considéré par la plupart des hommes comme donnant une parfaite satisfaction à la curiosité la plus exigeante.

J'avoue que je suis plus difficile, et c'est précisément ce que j'exprime en disant que je suis athée; mais, en toute sincérité, je ne trouve aucune satisfaction dans l'affirmation que « Dieu a créé le monde ». Je n'en trouvais déjà aucune étant enfant, peut-être simplement parce que, plus curieux que les autres, je me posais immédiatement la question suivante : « Qui a créé Dieu ? »

question à laquelle on ne donnait pas de réponse. Au mystère de l'existence du monde on substituait un autre mystère équivalent, celui de l'existence de Dieu ; la difficulté n'était reculée que d'un cran.

Aujourd'hui que j'ai étudié la vie, je trouve d'autres raisons de n'être pas satisfait par la théorie théologique ; ces raisons je vais les dire brièvement, mais je ne me dissimule pas leur vanité. Je suis assez sage pour me dire, avec M. de la Palisse que, si je ne crois pas en Dieu, c'est parce que je suis athée ; c'est là la seule bonne *raison* que je puisse donner de mon incrédulité. Mais puisqu'après tout je suis un homme comme les autres, j'ai bien le droit, moi aussi, d'avoir des besoins *d'explication* et d'y satisfaire de mon mieux.

D'abord, la question « Qui a créé le monde ? » me paraît mal posée ; elle contient d'avance sa réponse, puisqu'elle suppose que quelqu'un a créé le monde : que, ce quelqu'un, on l'appelle *Dieu*, ou qu'on lui donne tout autre nom, cela ne m'avancera en rien, car je ne vois pas du tout la nécessité que *quelqu'un* ait créé le monde. Si on me demande, au contraire « quelle a été l'origine du monde ? », je répondrai humblement : « Je ne sais pas ; je ne vois même pas de raison pour que le monde ait eu une origine, un commencement ». Il paraît que cette nécessité s'impose à tous les esprits, par la comparaison avec *tout* ce que nous savons par ailleurs. Elle ne s'impose pas à moi, ce qui étonnera peut-être les hommes à qui elle s'impose, de même que les croyants seront étonnés de mon athéisme. Et j'avoue que, même si elle s'imposait à moi, je ne considérerais pas cela comme une preuve définitive; je me défie de mes idées innées depuis l'aventure de la verticale absolue.

Au contraire, la constatation et l'étude consciencieuse des phénomènes ont amené les savants à croire à la conservation de la matière et à la conservation de l'énergie. Rien ne se perd, rien ne se crée, tout se transforme. (Gustave Le Bon lui-même a trahi sa pensée en disant : « Rien ne se crée, tout se perd », puisque dans cet aphorisme erroné il a voulu résumer un livre où il montrait la transformation de la matière, quantité mesurable, en énergie, quantité également mesurable.)

Tout se transforme ! Voilà la seule constatation vraiment scientifique. De cette constatation ne résulte pas la nécessité d'un commencement ; du moins cette nécessité ne s'impose pas à mon esprit, mais je ne nie pas qu'elle s'impose à d'autres. Ceux-là auraient le droit néanmoins d'exiger qu'on posât la question sous la forme « Quelle a été l'origine du monde? » et non sous cette autre : « Qui a créé le monde? » puisque, je le répète, cette seconde manière de parler entraîne nécessairement que *quelqu'un* a créé le monde.

En disant *quelqu'un*, j'entends seulement qu'on peut en parler comme on parle d'un homme ; et, à vrai dire, les attributs dont les croyants gratifient leur Dieu sont calqués naturellement sur ceux de l'homme ; cela est nécessaire, car l'homme n'invente rien et ne sait qu'imiter; il a donc donné à son Dieu ses propres attributs, en les amplifiant et leur accordant une perfection absolue; il exprime cela, en disant que « Dieu a créé l'homme à son image ». Si Dieu était autrement qu'à l'image de l'homme, il n'expliquerait rien, car la seule explication dont l'homme soit satisfait est celle qui rapporte les choses à des interventions humaines. Et c'est pour cela que, malgré les théologiens, les croyants les plus humbles se complaisent toujours dans la représentation du Père Eternel sous les traits d'un bon vieillard.

Je ne vois donc pas de nécessité que le monde ait commencé, ni, s'il a commencé, qu'il ait été créé par quelqu'un dont on puisse parler comme on parle d'un homme. Je dirai même que le fait qu'on peut en parler comme on parle d'un homme suffirait à m'empêcher d'y croire, car je suis convaincu que la manière dont nous parlons des hommes est *fautive*, résulte d'une erreur. Voilà le point le plus intéressant pour le biologiste que je suis; je ne m'y attarderai pas maintenant, l'ayant longuement développé dans d'autres ouvrages. J'y reviendrai d'ailleurs dans la troisième partie de celui-ci. Il peut se résumer ainsi : Dieu est calqué sur l'âme humaine que l'on dit d'ailleurs procéder de lui ; or la croyance à l'âme humaine résulte d'une conception erronée. La négation de l'âme m'entraîne une fois de plus à la négation de Dieu.

La vieille théorie animiste qui s'est conservée jusqu'à nous à travers divers avatars, se résumait à ceci : le corps est inerte, l'âme est un principe capable de produire et de diriger ses mouvements. Ceux qui ont imaginé cette théorie ignoraient, naturellement, toutes les découvertes ultérieures des physiologistes ; ils croyaient à la *spontanéité* de l'activité humaine (ou animale), c'est-à-dire qu'ils localisaient dans l'animal mécanisme un principe producteur et directeur de mouvement ; l'homme muni de son corps et de son âme était un *tout complet* qui introduisait dans le monde des commencements absolus. Nous savons aujourd'hui que cela est faux ; il y a bien deux facteurs indispensables à l'activité animale, savoir le corps de l'animal et le milieu ambiant. Aucun des phénomènes manifestés par un homme ne se manifesterait sans la coactivité du milieu ; l'homme ne possède pas en lui tout ce qu'il faut pour produire ce qu'il produit. Quand un homme A, dans un milieu B, est le siège d'une manifestation quelconque, on n'a jamais le droit de dire rigoureusement : A a fait telle chose. Si l'on veut parler correctement, il faut représenter l'activité observée par la formule symbolique ($A \times B$), puisque A et B sont indispensables à sa réalisation[1].

C'est ce que je voulais dire en affirmant que le langage dans lequel nous racontons l'activité humaine est fautif; or, ce langage est la seule raison que nous ayons d'imaginer un Dieu dont nous puissions parler de la même manière. Au lieu d'envisager, dans l'animal ou l'homme, un corps et une âme, nous considérons donc désormais le corps et le milieu ; nous devons considérer que rien ne se détermine dans l'homme sans l'intervention du milieu, que tout, au contraire, est déterminé si l'on connaît *entièrement* l'homme et le milieu. C'est la négation de la *liberté* absolue ; je renvoie le lecteur à la troisième partie de cet ouvrage pour l'étude des discussions auxquelles a donné lieu cette question de la liberté. Je voulais seulement rappeler ici que les attributs de Dieu ayant été calqués évidemment sur les attributs de l'homme, la théorie théologique reçoit une sérieuse infirmation du fait que l'on a reconnu une erreur fondamentale dans la narration des gestes humains. La négation de l'âme conduit à la négation de Dieu.

1. J'ai développé longuement cette manière de voir dans un livre « *Éléments de Philosophie biologique* », qui paraîtra sous peu chez Félix Alcan.

§ 10. — PREUVES PHYSIQUES TIRÉES DU MOUVEMENT

Parmi les *preuves physiques*, il y en a une autre que l'on rapproche ordinairement de celle de l'existence du monde, c'est celle de l'existence du mouvement. Une observation superficielle ayant fait croire à l'homme qu'il pouvait créer du mouvement, mettre en mouvement un corps primitivement *immobile*, on a prêté à Dieu la production du mouvement dans un monde primitivement immobile. Les progrès de la science ne permettent plus de tenir compte de cette manière de voir ; il n'y a pas de corps dépourvu de mouvement ; l'homme n'a jamais vu un mouvement commencer ; il a seulement assisté à des transformatious et des transmissions de mouvement.

Là encore, c'est une interprétation erronée des choses humaines qui a fait imaginer un attribut de Dieu. En résumé, l'existence du monde et l'existence du mouvement ne me paraissent pas plus intelligibles, du fait qu'on en attribue la création à quelqu'un dont on peut parler comme on parle d'un homme ; voilà, une fois de plus, ce que je veux dire en me déclarant athée.

§ 11. — PREUVES PHYSIQUES TIRÉES DE L'ORDRE DU MONDE

Les preuves tirées de l'ordre du monde, de l'harmonie universelle, ont fait couler des flots d'encre ;

elles prêtent aux développements poétiques et déclamatoires ; personne n'y est insensible. La théorie évolutioniste a déplacé la question quant à l'harmonie que nous constatons dans les choses ; ce ne sont pas les choses qui sont harmonieuses, (qu'est-ce que cela voudrait dire ?) ce sont les êtres qui se sont adaptés aux choses, de manière à être habitués à leur manière d'être, et à se trouver à l'aise au milieu d'elles. La loi d'habitude a remplacé l'admiration stérile des harmonies providentielles. Mais, même en laissant de côté cette question de l'harmonie préétablie, et celle des causes finales qui en est un dérivé, la constatation de l'existence des *lois naturelles* immuables doit suffire à plonger l'homme dans un profond étonnement. L'homme étant lui-même un produit de la nature, un résultat de l'évolution adaptative de substances soumises aux lois naturelles, dans des milieux soumis aux lois naturelles, doit se garder de toute prétention métaphysique au sujet de l'existence de ces lois ; il en est un résultat, et il en peut étudier les résultats ; voilà tout. L'admiration est la forme la moins antiscientifique que puisse prendre chez l'homme actuel le vieux sentiment métaphysique héréditaire. Pour moi, déterministe convaincu, il ne reste plus rien de vraiment admirable en dehors du déterminisme lui-même.

Ce déterminisme me conduit à la négation raisonnée de l'âme humaine, de la liberté, de la personnalité, et, d'une manière générale de toutes les entités qu'a fournies à l'homme la narration synthétique de son activité individuelle. En d'autres termes, le déterminisme me conduit à la négation de l'existence de tous les attributs au moyen desquels l'homme a construit Dieu ; je serais vraiment illogique si j'inventais un Dieu pour expliquer ce même déterminisme qui m'a conduit à nier Dieu ! Ceux qui ont les mêmes raisons que moi de répondre, comme je l'ai fait dans les pages précédentes, à toutes les *preuves* déjà passées en revue, doivent prendre devant la constatation du déterminisme, la position d'*agnostiques*.

Pourquoi ces lois existent-elles ? Je ne sais pas. Je constate qu'elles existent, je les étudie et je m'en sers dans la lutte pour l'existence ; voilà tout. L'admiration que j'ai pour ces lois est un reste héréditaire du caractère imprimé dans le cerveau de mes ancêtres par leurs croyances théologiques explicatives. Le fait que le *pourquoi* se pose en moi, n'implique pas l'existence d'un *parce que* qui me soit accessible. Voilà encore une particularité innée de mon cerveau, dont je dois me défier comme de la verticale absolue ; elle n'est pas la seule ! D'autres hommes, faits autrement que moi, croient volontiers à l'âme, à la liberté, etc... et sont satisfaits lorsqu'ils expliquent le déterminisme (c'est à quoi se réduit aujourd'hui l'harmonie universelle) en disant qu'il existe un

Dieu, dont on peut parler comme d'un homme, et qui a voulu qu'il en fut ainsi. Je ne tirerais pour ma part aucun soulagement d'une telle explication, même si les autres considérations que j'ai exposées tout à l'heure me permettaient d'admettre l'existence d'un Dieu dont on puisse parler comme on parle d'un homme. Au mystère du déterminisme, ce serait substituer seulement un autre mystère équivalent, celui de l'existence de Dieu. Mystère pour mystère, j'aime mieux m'en tenir à celui qui s'impose à moi sans que je sois obligé de recourir à une hypothèse indémontrable.

L'ordre et l'harmonie de l'Univers ne m'empêchent donc pas de rester athée ; leur constatation me rend seulement *agnostique*, mais je suis un agnostique plein d'admiration pour les choses que je ne sais pas, et que étant donnée ma nature, je ne puis pas savoir.

§ 12. — LE HASARD ET LA PROBABILITÉ

Fénelon et bien d'autres, ont, à propos de l'ordre de la nature, combattu ceux qui font jouer au *Hasard* un rôle prépondérant dans l'explication des faits ; ils ont eu raison, mais cela ne démontre pas l'existence de Dieu. Le hasard est d'invention humaine comme Dieu ; pour beaucoup, au moins dans le langage, il a une personnalité comme Dieu ; les anciens figuraient la Fortune en peinture et en sculpture. Le danger de cette personnification devient évident dès que nous nous demandons ce que nous appelons le hasard : faisons-le en quelques mots.

Notre expérience tant personnelle qu'ancestrale, fait naître chez nous (je parle pour moi) la croyance au déterminisme absolu ; nous avons pu formuler en langage humain, un certain nombre des lois qui régissent les phénomènes connus de l'homme. Si, dans une expérience de laboratoire, nous pouvions mettre en présence uniquement des agents entièrement connus, dont les relations soient entièrement connues et réglées par des lois connues, nous serions à même de prévoir *rigoureusement* le résultat de l'expérience.

Pratiquement, cela n'a jamais lieu ; il y a toujours des éléments inconnus en présence des éléments connus. Si ces éléments inconnus jouent, dans l'espèce, un rôle minime par rapport aux éléments connus, la prévision du résultat de l'expérience reste possible à quelque petite chose près. Si, au contraire, les éléments inconnus l'emportent sur les éléments connus, on ne peut rien prévoir que de très grossier. Le hasard, dans chaque expérience ou observation humaine, c'est l'ensemble des éléments inconnus. Vouloir tout expliquer par le hasard, ce serait tirer une explication de son ignorance, ce qui est philosophiquement absurde. Les phénomènes extérieurs se passent de la même manière, que l'homme en connaisse ou en ignore les éléments.

On trouvera peut-être étrange que je veuille nier la valeur du hasard après avoir nié celle des causes finales qu'on lui oppose généralement. J'ai précisément essayé de montrer dans un autre ouvrage que les raisonnements finalistes sont la conséquence directe de notre connaissance du déterminisme humain. Nous connaissons, chacun pour notre compte, les mouvements de notre mécanisme qui, sauf empêchement extérieur, suivront fatalement tel état de notre cerveau que nous appelons une volition en langue psychologique ; c'est pour cela que nous raisonnons par les causes finales, et que nous sommes amenés à prêter à un homme plus parfait que nous et appelé *providence*, une prévision universelle.

Il y a cependant toute une partie de la physique dans laquelle on arrive à prévoir des résultats avec une rigueur satisfaisante au moyen du *calcul des probabilités* en se fondant uniquement sur *les lois du hasard*. Cette contradiction apparente mérite quelques mots d'explication.

Voici un phénomène dont nous ignorons totalement la loi ; il nous est, en conséquence, *impossible* de prévoir le résultat du phénomène avant de l'avoir constaté par nous-mêmes ; nous dirons que ce phénomène s'est produit au hasard. Je place dans une certaine quantité d'eau, sur le porte-objet du microscope, un anthérozoïde de fougère; cet anthérozoïde décrit des courbes capricieuses dans le liquide; nous ne connaissons pas, dans le détail, les agents tant chimiques que physiques, qui interviennent dans la détermination de ce mouvement; mais si le liquide est aussi homogène que possible, l'éclairement aussi diffus que possible[1], il n'y aura aucune raison pour que le mobile ne traverse pas *tout* le liquide dans sa course sinueuse. Si nous constations après une longue observation qu'une région bien délimitée du liquide a été respectée par le mouvement de l'anthérozoïde, nous en conclurions qu'il y a une raison à cela, et nous serions sur la trace de la découverte d'une loi particulière du phénomène observé. Supposons que cela n'ait pas lieu, et introduisons dans le liquide, non plus un seul, mais quelques centaines d'anthérozoïdes tous semblables; puis nous regarderons le centre de la préparation au moyen d'un microscope dans le champ duquel un réticule dessinera de petits carrés égaux. Si, *par hasard* (c'est-à-dire pour une cause inconnue), l'un des petits carrés est toujours

1. Je dis : « aussi homogène que possible, aussi diffus que possible », mais cela ne veut pas dire absolument homogène, sans cela, il n'y aurait pas de mouvement, puisque le mouvement est dû à l'hétérogénéité; seulement, les hétérogénéités varient sans cesse, dans tous les points, sans loi manifestée par la prépondérance d'une région sur une autre. (Voy. mon *Traité de Biologie*, chap. 1er.)

respecté par le mouvement des anthérozoïdes, nous en conclurons qu'il y a une raison à cela; nous ne serons plus dans le cas d'ignorance totale où nous avons voulu nous placer. Si, cas moins extrême mais également instructif, nous constatons que l'un des carrés a, au bout d'un temps assez long, reçu deux fois moins d'anthérozoïdes qu'un autre carré, nous en tirerons une présomption de loi; nous déclarerons que les contenus de ces deux carrés sont différents. Ce sera seulement quand tous les carrés auront reçu, dans le même temps, assez prolongé, des nombres équivalents[1] d'anthérozoïdes que nous pourrons déclarer qu'il n'y a aucune *loi d'exception* à tirer de l'observation, c'est-à-dire que les conditions réalisées aux divers points du liquide sont identiques quant aux causes déterminantes du mouvement des anthérozoïdes. Mais alors, ce ne sera plus l'ignorance absolue, au contraire; nous aurons acquis, par notre observation, la démonstration de l'homogénéité du liquide considéré par rapport aux anthérozoïdes, et de l'identité des anthérozoïdes par rapport au liquide. Nous connaîtrons *une loi*. Si, par moments, nous voyons des agglomérations

1. Ces nombres ne seront pas rigoureusement égaux, à cause des hétérogénéités successives dont il est question à la note précédente, mais ils ne pourront pas accuser de différence persistante dans un même sens, sans qu'il y ait présomption de loi d'hétérogénéité particulière.

plus abondantes d'anthérozoïdes dans tel ou tel carré, ce sera là le phénomène inconnu, dû à une cause ignorée et momentanée, que nous devons appeler le hasard jusqu'au moment où nous l'aurons analysée. Si, par exemple, nous introduisons en un point de la préparation un petit tube capillaire ouvert et rempli d'une solution d'acide malique[1], nous verrons que, malgré la continuation de leurs mouvements désordonnés dans le liquide, tous les anthérozoïdes se rapprocheront insensiblement de l'orifice du tube et finiront par y pénétrer ; nous aurons réalisé un piège à anthérozoïdes, parce que la diffusion de l'acide malique dans notre préparation fera naître en chaque point une hétérogénéité dont la conséquence sera, pour un anthérozoïde quelconque, une *composante* dirigée vers l'orifice du tube. Nous aurons détruit l'homogénéité de la goutte liquide, mais nous l'aurons détruite sciemment, et au lieu d'attribuer au hasard l'agglomération d'anthérozoïdes produite à l'orifice du tube, nous dirons que nous avons découvert la loi de l'attraction chimiotactique des anthérozoïdes de fougère par l'acide malique.

Ainsi donc, si nous constatons une distribution homogène des anthérozoïdes dans le liquide, nous ne devons pas dire que ces anthérozoïdes sont

1. C'est l'expérience célèbre de Pfeffer sur la chimiotaxie. (Voy. mon *Traité de Biologie*, chap. Ier.)

distribués *au hasard*. Nous ne savons rien, il est vrai, de la marche de chaque anthérozoïde considéré isolément ; les raisons de son mouvement ne sont pas analysables pour nous; mais nous aurons conclu de l'homogénéité de leur distribution à l'homogénéité du liquide qui les contient; nous aurons découvert une *loi* parfaitement définie. Nous ne devons parler de hasard que pour les hétérogénéités successives dont nous ignorons les causes et qui se compensent par addition, au bout d'un certain temps, dans l'homogénéité d'ensemble des résultats de l'observation. Si une agglomération persistante se fait en un endroit (comme dans le cas de l'acide malique), nous concluons à une autre loi, celle de la présence locale d'un agent capable de créer une composante dans le mouvement des anthérozoïdes. Si l'on a fait l'attraction par le tube de Pfeffer avant d'avoir constaté l'homogénéité préexistante du liquide, l'attraction par l'acide malique de *tous* les anthérozoïdes prouve seulement que la composante introduite par le tube est plus forte que toutes les composantes résultant des autres hétérogénéités du liquide. En d'autres termes, le tube d'acide malique a fait une *sélection* dans les mouvements des anthérozoïdes; il n'y a là rien de fortuit; nous verrons tout à l'heure qu'il en est de même pour le prétendu rôle attribué par Darwin au *hasard* dans la formation des espèces.

En passant, je fais remarquer que les jeux

inventés par les hommes et appelés *jeux de hasard*, exploitent toujours une *loi* soigneusement établie à l'avance. On s'ingénie à construire un appareil dans lequel une loi d'homogénéité, aussi rigoureuse que possible, soit établie; chaque coup, séparément, ne peut donner lieu à aucune prévision; mais si, au bout d'un très grand nombre de coups, les chances des partenaires ne s'égalisaient pas, cela prouverait qu'il existe une loi d'hétérogénéité au lieu de la loi d'homogénéité qu'on a voulu réaliser; l'appareil serait mauvais, il faudrait en fabriquer un autre. Si, à la roulette, le même numéro sortait plus souvent qu'un autre, cela indiquerait un vice de construction. Voilà ce qu'on entend par la loi des grands nombres; l'homogénéité des résultats obtenus, après beaucoup de coups, prouve la bonne construction de l'appareil et voilà tout. Chaque coup a, en lui-même, des raisons particulières qui nous échappent; chaque coup, inconnu dans son résultat, est un coup de hasard[1]; mais la prévision de l'ensemble d'un grand nombre de coups résulte de la *loi* de l'appareil employé.

1. Comme, dans notre exemple de tout à l'heure, le mouvement d'un anthérozoïde dans un milieu homogène; une *série* de coups identiques est comparable à l'agglomération passagère des anthérozoïdes dans un milieu dont l'ensemble est homogène; une telle agglomération doit se produire en des endroits divers; si elle se fait toujours au même endroit, il y a une loi. la présence d'acide malique, par exemple.

Les calculs établis par les Compagnies d'assurances résultent aussi de *lois* obtenues après coup par la comparaison d'un grand nombre de vies humaines, et par l'application de l'hypothèse, d'ailleurs justifiée en général, que les conditions de la vie ne changent guère d'une année à l'autre dans un même pays.

Dans la théorie cinétique des gaz, on tire aussi des conclusions mathématiques vraiment intéressantes de la considération des probabilités ; mais on s'était placé d'avance dans des conditions bien déterminées, dans des conditions de *loi*, en prêtant aux corpuscules mobiles des caractères entraînant l'homogénéité.

J'arrive enfin au *Dieu Hasard* des darwinistes. Il suffit de réfléchir un instant pour voir que la *sélection naturelle* agit comme le tube à acide malique de l'expérience de Pfeffer, avec cette différence que c'est une propriété de la vie elle-même qui est la cause de la sélection des êtres vivants. Cette propriété, cette *loi*, c'est la loi de la continuité nécessaire des lignées[1] ou élimination définitive de ceux qui sont morts sans postérité : il faut d'ailleurs, quoique pensent certains néo-darwiniens, ajouter à cette *loi* celle de l'hérédité des caractères acquis pour expliquer la formation des espèces. Quand on dit que c'est le hasard qui agit

1. Voy. *Les Influences ancestrales* : la canalisation du hasard.

dans l'évolution progressive des animaux et des végétaux, on entend seulement que les causes de variation *inconnues* répandues dans le monde *sont impuissantes contre les nécessités tirées des deux lois biologiques précédentes;* de même, dans l'expérience de Pfeffer, le passage de tous les anthérozoïdes dans le tube à acide malique prouve qu'aucune des causes d'attraction inconnues, existant aux autres points de la goutte d'eau, ne peut l'emporter sur l'attraction par le produit chimique employé.

En d'autres termes, il y a des *lois*, et les lois se manifestent toutes les fois que le *hasard* (ensemble des causes inconnues) ne contient pas de facteur capable de s'opposer à la manifestation des lois. Je crois à l'existence de ces lois que la science découvre, et dont quelques-unes nous paraissent immuables; j'en admire l'ordonnance, par un reste atavique de sentiment religieux; mais j'admire surtout que l'homme, qui est lui-même un produit des mouvements dirigés par ces lois, les ait découvertes.

Et lorsque je me déclare athée, j'entends seulement dire que je ne suis nullement satisfait par l'hypothèse dans laquelle ces lois de la nature tireraient leur origine d'un Dieu dont on pourrait parler comme on parle d'un homme. Comme, d'autre part, cette hypothèse peu satisfaisante, heurte ma logique à cause des comparaisons fautives sur lesquelles elle est basée, je la rejette définitivement, et je demeure agnostique.

§ 13. — HUMILITÉ DE L'ATHÉISME

Je ne puis m'empêcher, d'ailleurs, de demeurer effrayé devant l'outrecuidance de ceux de mes congénères qui croient en un Dieu dont on peut parler comme d'un homme. Quand je regarde les astres, et que je pense à l'humilité de notre globe terrestre, sur lequel l'homme est lui-même si petit, je me sens plein d'une modestie douloureuse; et je n'ai pas la prétention, quoique cela soit commode pour le langage, de penser que quelqu'un ayant les mêmes attributs que moi ait fait tout cela. Je vois d'ailleurs avec plaisir que mes frères croyants sont de mon avis à un certain point de vue; ils refusent aux fourmis[1], qui sont trop petites (!), l'idée même de Dieu; elles n'ont pas d'âme faite à l'image de Dieu, malgré l'admirable ordonnance de leurs sociétés; mais pour l'homme, rien n'est trop bon!

On me répondra que je suis moi-même infiniment orgueilleux en me refusant à admettre l'évidence dont les mystères de la nature éblouissent les plus incrédules. Ce n'est pas de ma faute si cette évidence ne me crève pas les yeux; et j'affirme que je suis au contraire très humble et très modeste,

1. Et même à l'éléphant, qui est plus grand que nous.

dans ma certitude du néant; mais on ne me croira pas.

Quant aux mystères, le monde en est plein; je pourrais en citer un grand nombre vis-à-vis desquels la croyance en un Dieu humain ne me serait d'aucune utilité. On me dit par exemple que la chaleur est due à un mouvement de corpuscules très petits. Je suis tout disposé à le croire, mais je me demande avec angoisse comment peuvent être ces corpuscules dont le mouvement produit la chaleur; ils ne sont ni chauds ni froids. Essayez de vous imaginer un corps qui n'ait pas de température; je vous en défie. Je me tire de difficulté en me disant que je connais seulement les choses de ma taille[1]; je ne puis pas connaître ce qui est trop petit; je me console donc de ne pas connaître ce qui est trop grand, comme serait le Dieu auquel vous croyez.

§ 14. — L'AMOUR DE DIEU

En admettant même que je pusse croire, contre ma nature et contre mon raisonnement, à l'existence d'un Dieu dont on pourrait parler comme d'un homme *tout puissant* (mais il est vrai que je ne puis rien dire de scientifique en me plaçant dans une hypothèse aussi éloignée de mon état réel; je

1. Voy. *Les Lois naturelles*. Paris, Alcan.

ne crois pas en Dieu et, si j'y croyais, je serais *différent* de ce que je suis), en admettant, dis-je, que je puisse croire à un Dieu personnel, il ne me semble pas que j'aurais pour lui les sentiments d'adoration et de reconnaissance que l'on demande aux vrais croyants ; je me dirais qu'il m'a créé pour son propre plaisir, qu'il m'a imposé un service que je n'avais pas demandé, et dont, en toute sincérité, je me serais bien passé, quoique ma vie ait été plutôt heureuse jusqu'à présent. Quand j'entends conter aux enfants les histoires de ma mère Loye, je me dis souvent que je n'aurais pas hésité si une bonne fée m'avait offert de réaliser un de mes vœux ; j'aurais souhaité « n'avoir jamais existé ». C'est d'ailleurs, si j'ai bien compris, ce que demanda Job sur son fumier[1]. Mais un croyant qui attend la vie éternelle ne raisonne pas comme un athée qui compte seulement sur quelques années d'une vie médiocre ; un athée ne peut donc savoir ce qu'il ferait s'il était croyant. Je m'imagine seulement que si, étant croyant, je continuais à penser comme je pense maintenant, je serais probablement de l'avis d'une vieille dame que j'ai connue dans mon enfance, et qui disait tout bas, comme en se cachant : « Moi, je n'aime pas le bon Dieu mais j'en ai peur ! » N'est-ce pas ce sentiment de peur, que voulut faire naître chez ses

1. Périsse le jour où je suis né!

auditeurs, après l'incendie du bazar de la Charité, le célèbre dominicain Ollivier? Or, la peur, me semble-t-il, se concilie bien mal avec l'amour.

Je ne suis pas héroïque de nature; si j'avais cru qu'un maître absolu peut m'accorder un bonheur éternel ou me condamner à des supplices sans fin, j'aurais probablement fui, dans un cloître, les dangers du siècle; j'aurais passé ma misérable existence sublunaire à chanter la gloire du despote dont aurait dépendu mon avenir. C'est encore une conséquence de mon athéisme inné que de ne pas partager l'admiration des croyants pour ceux qui ont résolu ainsi le problème de la vie. Les prêtres eux-mêmes déclarent, paraît-il, que l'état monastique est l'état le plus parfait. Pour ma part, je n'admire pas les moines; je ne les méprise pas non plus, car je suis sûr que j'aurais fait comme eux si j'avais cru; je ne puis pas mépriser un homme, quoi qu'il ait fait; je me sens trop semblable à lui et trop capable de l'imiter.

§ 15. — LA PRIÈRE

La prière est la plus importante occupation des croyants; évidemment, un athée ne peut pas se rendre compte de l'état d'esprit d'un homme qui prie; il ne peut discuter cet état d'esprit qu'avec sa logique d'athée; il a, par conséquent, bien des chances de raisonner faux et de méconnaître l'un des éléments du problème; mais les croyants sont exposés à la même erreur en condamnant les athées, et ils ne s'en privent pas. Je ne parlerai donc de la prière qu'à propos de ses rapports avec le déterminisme; j'ai lu, en effet, qu'il y a des croyants déterministes, et cela me paraît incompréhensible, mais ce sont les seuls dont je puisse parler; les autres sont trop loin de moi.

Un homme qui prie remercie Dieu de ses bienfaits et lui en demande d'autres. J'ai dit, au paragraphe précédent, ce que je pense des remerciements; voyons maintenant ce que peut demander un déterministe. Un miracle, évidemment! Dieu a créé le monde, et lui a imposé des lois par lesquelles tout est réglé. Si un enfant est malade, les conditions de sa lutte contre l'agent pathogène sont déterminées; l'issue en est fatale si les lois naturelles sont appliquées; la mère ne prévoit pas cette issue, mais elle pense que Dieu la connaît et elle lui demande d'écarter la mort du chevet de son fils, c'est-à-dire, de faire un miracle, de donner un accroc aux lois qu'il a lui-même édictées. Si l'enfant meurt tout de même, la mère se dit qu'elle n'avait pas mérité le miracle demandé, et elle bénit le Seigneur dans son inflexibilité. Si l'enfant ne meurt pas, elle ne se dit pas que la maladie pouvait n'être pas mortelle; le miracle a eu lieu, et la mère est pleine de reconnaissance; cela n'a d'ailleurs d'inconvénient pour personne, et le pis qui puisse arriver à l'enfant guéri, c'est de se voir habiller de bleu ou de vert pomme pendant trois ans.

Si j'étais croyant, je serais humilié de voir rapetisser mon Dieu au point de croire qu'il peut être sensible à la couleur du vêtement d'un gamin, mais, si j'étais croyant, je comprendrais peut-être aussi que toute marque d'obéissance, à propos de la chose la plus insignifiante, prend une valeur en tant qu'acte de soumission. Il est bien difficile à un athée de raisonner les gestes de ceux qui croient ! En tout cas, l'athée le plus convaincu ne pourra pas s'empêcher d'être ému en voyant prier une mère auprès du lit de son fils ; sûrement il ne la raillera pas, pas plus qu'il ne la raillerait s'il lui voyait préparer pour le malade une potion sûrement inefficace. Ce qu'il y a de plus douloureux devant le mystère de la maladie, c'est de rester inactif ; avoir l'illusion de faire quelque chose est un grand soulagement ; la prière procure ce soulagement à ceux qui croient ; ne leur retirons pas cette consolation, parce que nous n'y pouvons prétendre.

Il ne faudrait pas cependant que la croyance à l'utilité de la prière empêchât d'employer les remèdes connus et utiles ; ce n'est plus guère à craindre de nos jours, du moins dans les pays civilisés ; je crois que la mère la plus fanatique ne refuserait pas d'employer le sérum de Roux conjointement avec les patenôtres, si son enfant avait le croup; mais cela tient à ce que la foi n'est plus bien vive; elle est moins vive, le plus souvent, que l'amour maternel. Une foi absolue ferait sombrer ses adeptes dans le fatalisme le plus dangereux; il me semble du moins que je serais fataliste si j'étais croyant; en tout cas je ne serais pas dangereux pour les mécréants que je me contenterais de plaindre de toutes mes forces. Comment, après avoir dit : « Je crois en Dieu, le père *tout-puissant* », peut-on se permettre d'imposer à d'autres hommes la volonté de Dieu? Les croisés croyants sont invraisemblables. Comment peut-on dire en invoquant le père *tout-puissant* : « que votre règne arrive, que votre volonté soit faite! » Çela dépasse ma logique d'athée. « Dieu fit bien ce qu'il fit », a dit le bon La Fontaine et, l'homme qui s'imagine, dans ses guerres religieuses, faire les affaires de Dieu, est comparable à la « mouche du coche » du même fabuliste. Encore la mouche est-elle plus importante pour le coche que l'homme pour Dieu; elle peut faire cabrer les chevaux. La posture logique pour un croyant est de laisser faire, de prier, et d'avoir peur.

Je me demande d'ailleurs si les fanatiques des guerres religieuses avaient la prétention de faire œuvre pie et s'imaginaient gagner le ciel; cela était peut-être vrai de quelques-uns d'entre eux; pour la plupart, il me semble, laissant de côté les intérêts matériels des combattants, que le principal mobile de leur ardeur belliqueuse était le désir d'avoir raison, d'avoir plus raison que les autres et de leur imposer leur manière de voir en les soumettant ou en les exterminant. Cela est très humain.

§ 16. — DÉTERMINISME ET FATALISME

Ceux qui croient aux miracles sont évidemment déterministes; il ne pourrait pas y avoir d'infraction aux lois naturelles si ces lois ne réglaient pas d'avance tout ce qui se passe; en dehors du miracle, tout est donc déterminé; je ne crois pas inutile de revenir une fois encore sur la différence qui existe entre le déterminisme et le fatalisme; je le ferai en quelques mots quoique l'ayant déjà fait ailleurs, car la confusion entre ces deux manières de voir continue d'être très fréquente. Les déterministes croient que tout est déterminé, c'est-à-dire que l'état du monde à un moment donné est entièrement déterminé par l'état du monde, au moment précédent, et par l'application des lois naturelles dans l'intervalle de ces deux moments. Bien entendu, les animaux, les hommes en particulier, sont compris dans le monde, et leur état, les modifications qui se produisent en eux jouent leur rôle dans le concert universel. Un fataliste raisonne de la même manière, mais il se met à part et se considère comme un rouage inutile de la grande machine ; nos idées étant pour nous des facteurs d'actions, le fataliste est annihilé par son fatalisme même. Un homme qui prie est forcément fataliste ; c'est pour lutter contre cette tendance dangereuse que la sagesse des nations a imaginé le proverbe : « Aide-toi, le ciel t'aidera ».

Dans notre état de connaissance imparfaite des lois naturelles, la question positive du miracle est difficile à trancher ; pour un croyant, la constatation du miracle est aisée ; il en voit partout et n'essaie pas de discuter la valeur miraculeuse du phénomène observé. Pour un athée au contraire, il y a toujours une attitude possible, même devant le fait le plus extraordinaire : « Je ne sais pas tout, doit-il dire ; ce que vous me montrez ne s'explique peut-être pas par les lois que je connais ; mais il y a tant de lois que je ne connais pas ! » On croit donc au miracle par nature, comme on est athée ou croyant par nature.

Mais il peut y avoir une attitude intermédiaire, et elle existe en effet. Quelques-uns croient que Dieu a créé le monde et lui a imposé des lois définitives en se défendant à lui-même d'y toucher ; ils n'admettent pas le miracle et sont déterministes parfaits. Ceux-là n'ont aucune raison de craindre Dieu ou de l'adorer ; leur ligne de conduite doit être la même que celle des athées qui ne diffèrent d'eux que parce qu'ils ne tirent aucune satisfaction du dogme de la création ; et, en fait, on doit déclarer athées comme les autres ceux qui, logiques jusqu'au bout, seraient obligés de souscrire à cette formule, infiniment absurde pour un croyant et dans la forme et dans le fond : « Si Dieu mourait (??), il n'y aurait dans le monde rien de changé ! »

DEUXIÈME PARTIE

CONSÉQUENCES HUMAINES DE L'ATHÉISME

« Si Dieu n'existait pas, il faudrait l'inventer. »

(VOLTAIRE.)

« L'athéisme est le vice de quelques gens d'esprit, et la superstition le vice des sots. Mais les fripons ? que sont-ils ? des fripons ! »

(VOLTAIRE, *Dictionnaire philosophique*.)

DEUXIEME PARTIE

CONSÉQUENCES HUMAINES DE L'ATHÉISME

CHAPITRE III

Conséquences sociales.

§ 17. — OPINIONS DE VOLTAIRE ET DE DIDEROT. EXPOSÉ DU PROBLÈME

Dans son dictionnaire philosophique, Voltaire se demande, après Bayle, si un peuple d'athées peut subsister : « Il me semble, dit-il, qu'il faut distinguer entre le peuple proprement dit et une société de philosophes au-dessus du peuple. Il est très vrai que, par tout pays, la populace a besoin du plus grand frein, et que si Bayle avait eu cinq ou six cents paysans à gouverner, il n'aurait pas manqué de leur annoncer un Dieu rémunérateur et vengeur. Mais Bayle n'en aurait pas parlé aux épicuriens, qui étaient des gens riches, amoureux du repos, cultivant toutes les vertus sociales, et surtout l'amitié, fuyant l'embarras des affaires publiques, menant enfin une vie commode et innocente ; il me paraît qu'ainsi la dispute est finie quant à ce qui regarde la société et la politique[1]. »

En un autre endroit du même article, Voltaire affirme que le Sénat romain était une assemblée d'athées, « de voluptueux et d'ambitieux, tous très dangereux, et qui perdirent la République ». « Je ne voudrais pas, continue-t-il, avoir affaire à un prince athée qui trouverait son intérêt à me faire piler dans un mortier ; je suis bien sûr que je serais pilé. Je ne voudrais pas, si j'étais souverain, avoir affaire à des courtisans athées dont l'intérêt serait de m'empoisonner ; il me faudrait prendre, au hasard, du contre-poison tous les jours. Il est donc absolument nécessaire, pour les princes et pour les peuples, que l'idée d'un Être suprême, créateur, gouverneur, rémunérateur et vengeur, soit profondément gravée dans les esprits ».

Enfin, dans l'article « athée », le même philosophe déclare, et ceci peut servir de conclusion à ce qu'il a écrit sur la matière : « Il est évident que, dans la morale, il vaut beaucoup mieux reconnaître un Dieu que de n'en point admettre.

1. Article : *Athéisme.*

C'est certainement l'intérêt de tous les hommes qu'il y ait une divinité qui punisse ce que la justice humaine ne peut réprimer ; mais aussi il est clair qu'il vaudrait mieux ne pas reconnaître de Dieu que d'en adorer un barbare auquel on sacrifierait les hommes, comme on a fait chez tant de nations. »

J'ai tenu à citer tout au long l'opinion de Voltaire, car il n'y a pas d'argument plus fort contre l'athéisme que cette manière de voir d'un homme considéré généralement comme dépourvu de toute superstition. Voici, en revanche, ce qu'écrit Diderot dans le célèbre « Entretien d'un philosophe avec la maréchale » : « Quel motif peut avoir un incrédule d'être bon s'il n'est pas fou ?... Ne pensez-vous pas qu'on peut être si heureusement né qu'on trouve un grand plaisir à faire le bien ?... Qu'on peut avoir reçu une excellente éducation qui fortifie le penchant naturel à la bienfaisance ?... Et que, dans un âge plus avancé, l'*expérience nous ait convaincu, qu'à tout prendre, il vaut mieux, pour son bonheur dans ce monde, être un honnête homme qu'un coquin?* »

J'ai souligné, dans cette dernière citation, l'argument le plus important ; j'aurai à y revenir. Il s'agit, dans ce chapitre, d'utilité, et non de logique comme dans le chapitre précédent ; dès qu'il s'agit d'utilité, on ne s'entend plus guère ; chacun apprécie à sa façon, et il n'est pas sans intérêt de mettre en contradiction Voltaire et Diderot sur un sujet de cette importance. J'avoue immédiatement ma préférence personnelle pour l'opinion de Diderot, mais ce n'est qu'une préférence personnelle et qui n'a, par conséquent, aucune valeur.

Il me semble aussi que la question n'est bien posée ni par l'un ni par l'autre ; au XVIIIe siècle, on ne songeait guère au transformisme, quoique Maupertuis, et Diderot lui-même, puissent être, à juste titre, considérés comme des précurseurs de Lamarck et de Darwin. Du moins, cette notion du transformisme, si l'on y songeait de temps en temps, ne faisait pas encore, comme elle devrait le faire de nos jours, la base de l'enseignement philosophique[1].

Or, il y a, dans le problème moral et social, une question qui ne saurait être séparée de celle de la formation évolutive des espèces. On doit distinguer l'étude du rôle qu'a joué l'idée de Dieu dans la formation de la conscience morale de l'homme actuel, et l'étude de la nécessité actuelle de l'idée de Dieu, pour l'homme tel qu'il est, avec toutes ses qualités et ses tares héréditaires. Dans cette dernière étude, il faut encore séparer la question de la possibilité actuelle de l'athéisme social, et celle des conséquences de l'athéisme social pour les générations futures. Cette dernière question ne

1. Voyez plus bas, § 28.

se posera d'ailleurs que si l'on a reconnu, dans le passé, l'influence de l'idée de Dieu sur la genèse de notre conscience morale.

§ 18. — ORIGINE DES VERTUS HUMAINES

L'homme est un animal social; ce que l'on appelle *vertus* chez un animal social, ce sont les caractères qui le rendent apte à vivre en société. Les idées de bien, de mal, d'honnêteté, de justice, de devoir, de responsabilité, etc., sont des idées sociales; le tigre, isolé dans la jungle, n'a que faire d'honnêteté et de justice. Buffon lui refuse d'ailleurs gratuitement les sentiments généreux qu'il accorde, gratuitement aussi, à son cousin le lion.

Ce n'est pas à dire que l'animal isolé n'ait pas le sentiment du bien et du mal; il l'a *pour lui-même* (je le pense sans pouvoir le vérifier), c'est-à-dire qu'il doit savoir, par expérience, ce qui lui fait plaisir et ce qui lui est désagréable; mais, ne faisant partie d'aucune mutualité, il n'a pas à se préoccuper de faire à d'autres, dans un but intéressé, ce qu'il désirerait qu'en retour on lui fît. Le tigre n'a pas d'associés, pas d'amis (je ne connais pas suffisamment la vie des tigres pour oser affirmer ce qui précède; je choisis le tigre comme exemple idéal de l'égoïste parfait). Il agit suivant sa nature de tigre; le meilleur d'entre les tigres est celui qui possède au plus haut degré les qualités du tigre, c'est-à-dire, celui qui sait le mieux capturer sa proie et résister à ses ennemis.

Je ne crois pas que le tigre ait l'idée de Dieu ; elle ne lui servirait à rien et l'amènerait seulement à pleurnicher de temps en temps sur le sort cruel des paons ou des gazelles, créatures divines dont, par nécessité de tigre, il fait son repas. Cette idée trop développée l'amènerait même à mourir de faim.

Je ne crois pas non plus que le tigre s'amuse à tuer plus qu'il ne peut manger ; ce serait là une fatigue inutile ; il est possible, cependant, qu'il se livre à la chasse pour le plaisir, comme le cheval galope dans un champ pour exercer ses muscles ; les amateurs de sport ne le lui reprocheront pas ; on ne saurait accuser de méchanceté un égoïste parfait, qui ne connaît pas le bien et le mal des autres, et n'attend de personne aucun service.

Tout autre est le cas de l'abeille, de la fourmi, du castor, de l'homme. Aucun de ces animaux ne peut vivre sans le secours de ses congénères ; je parle de l'abeille actuelle, de la fourmi actuelle, de l'homme actuel ; mais je pense qu'il y a peut-être eu, dans l'ancestralité de l'homme, une période où chacun, vivant pour son compte, ne devait rien à personne ; il y a des abeilles sauvages et des singes qui vivent seuls ; je suis convaincu que, chez les êtres isolés, on ne trouverait pas trace des caractères nés chez nous d'une existence sociale prolongée pendant des milliers de générations.

Nos ancêtres isolés étaient différents de nous ; nous ne pouvons donc pas nous mettre dans leur peau et comprendre les raisons qui les ont décidés, petit à petit, à vivre en société ; nous leur prêterions, malgré nous, des idées et des sentiments d'hommes du vingtième siècle.

Je pense que, vivant isolés, ils n'avaient pas l'idée de Dieu. Cette idée leur aurait été inutile ou même nuisible, comme au tigre. Je n'oserais pas l'affirmer cependant ; il est possible que les questions métaphysiques se soient posées de bonne heure dans le cerveau des pithécanthropes, mais il me paraît plus probable que, quand ils avaient fini de chasser et de manger, ils dormaient ; ils avaient trop à faire pour se poser des problèmes saugrenus.

Quoi qu'il en soit, et sans que nous puissions émettre à ce sujet autre chose que des hypothèses, un moment arriva où nos ancêtres devinrent des animaux sociaux. Ce que nous pouvons dire de plus raisonnable de cet événement, c'est que nos ancêtres y furent amenés tant par les conditions ambiantes que par certains caractères existant dans leur propre nature. Évidemment, les sociétés initiales (que certains philosophes peu scrupuleux nous offrent comme modèle ; c'est comme si on demandait aux abeilles d'imiter les frelons ; mais cela prête à des développements poétiques); les sociétés initiales, dis-je, ne furent probablement pas remarquables par leurs vertus; on ne se fait pas en un jour une mentalité d'animal social.

Passons donc par-dessus un grand nombre de générations sur lesquelles nous n'avons pas et n'aurons jamais aucun renseignement, mais dont nous trouverions peut-être les équivalents chez les différents peuples sauvages considérés comme occupant aujourd'hui des niveaux différents dans l'échelle de la civilisation. Arrivons tout de suite aux plus anciens peuples dont l'histoire nous ait conservé le souvenir ; ou, si vous voulez, à nous-mêmes, qui ne différons que bien peu de ces peuples ayant déjà, dans leur hérédité, la marque ineffaçable d'une vie sociale prolongée pendant des centaines de siècles. Ces peuples sont constitués en sociétés; ils ont l'idée de Dieu; ils ont une conscience morale.

Chose remarquable, quelles que soient les différences entre les religions des peuples que nous pouvons étudier, quelles que soient aussi les différences entre leurs mœurs et leurs lois, les dieux d'un peuple sont toujours les gardiens de ses conventions sociales. L'homme qui plaît aux dieux est toujours celui qui observe scrupuleusement les règlements de sa société humaine.

Beaucoup de peuples attribuent d'ailleurs une origine divine à leurs lois morales. Historiquement, comment cela s'est-il produit ? A-t-on déifié la mémoire du législateur ? Le législateur intelligent a-t-il compris que le meilleur moyen de faire observer les lois était d'imaginer un juge suprême et infaillible, capable de reviser les jugements des hommes ? La tendance métaphysique et la peur naturelles à l'homme l'auraient, dans ce cas, admirablement servi dans ses desseins ingénieux. Il est peu vraisemblable cependant qu'un homme ait été assez supérieur à ses congénères pour imaginer un pareil stratagème sans en être lui-même la dupe. Aujourd'hui, l'idée de bien, de mal, de devoir, de justice, est si ancrée dans notre hérédité que nous trouvons toute naturelle cette confusion entre le sentiment moral et le sentiment religieux ; nous sommes donc désarmés vis-à-vis du problème de son origine. Constatons-la sans savoir comment elle est née. Le parallélisme observé chez tous les peuples, entre le devoir moral et le devoir religieux est le plus grand obstacle à la solution du problème que nous nous sommes posé, savoir : de découvrir le rôle de l'idée de Dieu dans la genèse des vertus humaines. Évidemment, les nécessités de la vie sociale ont profondément modifié la nature de l'homme, mais si ces nécessités se sont toujours présentées aux hommes sous une forme religieuse, comment séparer ce qui est, chez nos contemporains, le produit de la vie en société, de ce qui est chez eux le résultat de l'idée de Dieu ? En d'autres termes, voici le problème à résoudre : Que serait la conscience morale de l'homme actuel si, sans avoir jamais eu l'idée de Dieu, il avait seulement été soumis pendant de longues générations à des lois sociales uniformes ?

La réponse à une question ainsi posée ne sera jamais entièrement satisfaisante. Rien n'est plus fallacieux que les hypothèses par lesquelles on reconstruit un monde en faisant abstraction de l'un des facteurs qui ont joué un rôle indéniable dans la formation de celui que l'on a observé. J'ai le droit d'affirmer que, même sans l'idée de Dieu, une vie sociale prolongée aurait amené dans l'hérédité des membres d'une société quelque chose d'équivalent à notre conscience morale actuelle ; mais jusqu'à quel point serait poussée cette équivalence ?

Et puis, ne dois-je pas me demander aussi si, sans l'idée de Dieu, une vie sociale prolongée eût été possible ? Si je n'avais d'autre but que de triompher des croyants, je leur dirais : « Vous refusez une âme aux animaux ; vous leur refusez la notion de Dieu, et cependant les abeilles ont une société mieux organisée que la nôtre » ; mais ce n'est pas contre les croyants que je discute ; c'est contre moi-même, et je ne me permettrai pas d'affirmer que les abeilles, vivant en société, n'ont pas l'idée d'un Dieu dont on pourrait parler comme on parle d'une abeille ; nous avons bien, nous hommes, l'idée d'un Dieu dont on peut parler comme on parle d'un homme !

Cette question me paraît tirer une grande importance du fait indéniable que la croyance en un Dieu personnel donne une grande commodité pour formuler les lois sociales ; aucune considération n'est aussi simple que la nécessité d'obéir à quelqu'un de très fort capable de punir sans indulgence tout manque de soumission ; beaucoup de gens qui seraient insensibles à des palabres émues sur la réciprocité touchante des services rendus entre membres d'une même association, sont fortement impressionnés si on leur parle de loi divine et de châtiment.

Le chien, l'ami de l'homme comme on dit généralement, nous donne un bon exemple de conscience morale résultant d'un sentiment religieux. Les ancêtres du chien étaient vraisemblablement des animaux libres comme les loups et les chacals ; mais ils manquaient de fierté (*fier*, en latin, se dit *ferox*), et ils abdiquèrent leur liberté entre les mains de l'homme en échange de sa protection et des reliefs de ses repas. A partir de ce moment la vie du chien fut entre les mains de l'homme, comme celle d'un croyant est entre les mains de Dieu ; la conscience morale du chien devint une conscience morale de serviteur ; son intérêt en fit un serviteur dévoué. Aujourd'hui, après des milliers de générations de servage, la conscience morale du chien serviteur est fixée indépendamment des contingences. Le chien obéit à un homme qui est son maître, même si cet homme est méchant pour lui et ne lui fait pas de bien. La conscience morale du chien, c'est le sentiment de l'obéissance à l'homme ; le bien, le juste, l'honnête, sont pour lui ce qui plaît à son maître. L'homme est quelquefois capricieux, mais cependant, n'ayant qu'un maître, le chien est heureux, sachant toujours, sans hésitation possible, quel est son devoir, l'obéissance passive ; il est plus heureux que le croyant, qui désireux d'obéir à Dieu, ne sait pas toujours ce qu'il doit faire, car la conscience morale de l'homme est compliquée ; nous avons des devoirs multiples, et Dieu ne nous donne pas toujours des ordres très clairs. J'ai souvent envié le sort de mon chien, moi qui ai une conscience morale, quoique ne croyant pas en Dieu.

Pendant longtemps, l'homme a été aussi heureux que le chien ; le devoir se présentant toujours sous une forme religieuse, il n'y avait pas d'hésitation possible ; on n'avait pas à choisir entre le devoir religieux et le devoir social. Il n'en est plus de même aujourd'hui ; les théocraties sont mortes, et chaque homme, indépendamment de sa foi religieuse, appartient à un état laïque dont les règlements sont quelquefois contradictoires de ceux de la religion. Le cardinal Lecot comparait récemment l'Eglise et l'Etat à deux barques entre lesquelles tout Français catholique aurait désormais à choisir, et qui vont peut-être partir en guerre l'une contre l'autre. Je frémis de cette alternative et je rends grâces au ciel de n'être pas croyant, pour pouvoir rester, sans aucun sacrifice douloureux, un bon citoyen.

Voilà au moins un avantage de l'athéisme; n'avoir qu'un seul maitre à servir, la société dont on fait partie. Quand je vous disais que le chien est plus heureux que nous! Son Dieu et son maître, c'est le même homme. Pour nous, au contraire, afin de nous enseigner plus aisément notre devoir social, on a inventé un Dieu fictif chargé d'en faire respecter les clauses; beaucoup ont cru à son existence, et sont aujourd'hui bien ennuyés de voir que la société et son Dieu tutélaire ont évolué suivant d s routes différentes; on ne sait plus à qui entendre; l'athéisme a du bon[1].

19. — DEVOIRS RELIGIEUX SÉPARABLES DES DEVOIRS SOCIAUX

Dans l'exemple du chien, que j'ai pris tout à l'heure, j'ai encore un enseignement à puiser. Le chien *aime* son maître qui le nourrit, le protège et

1. L'internationalisme aurait du bon aussi pour les catholiques soucieux de suivre l'*autre barque*, mais ils se déclarent plus patriotes que les autres.

le bat. Il paraît que les croyants aussi aiment Dieu qui les a créés et qui les châtie; ils le remercient de ses bienfaits dans leurs prières quotidiennes, ce qui est très bien et ne fait de tort à personne, mais ils lui en demandent d'autres en même temps, et ce qui est bienfait pour l'un peut léser les intérêts de son voisin.

C'est la prière qui caractérise le croyant. A côté de lui, d'autres hommes se contentent d'être d'honnêtes gens et négligent de prier; beaucoup d'entre eux cependant ne sont pas athées, mais ils sont indifférents en matière de religion et font passer leurs devoirs sociaux avant leurs devoirs envers Dieu, se disant peut-être — ce que je ferais sans doute à leur place, si j'étais croyant — que Dieu est bien assez grand pour faire ses affaires lui-même, sans que nous lui donnions d'indications. Je racontais, dans le premier chapitre de ce livre, une anecdote montrant que certains prêtres libéraux d'aujourd'hui admettent qu'il suffit d'être honnête homme pour plaire à Dieu! Que deviendrait le clergé si tout le monde était de cet avis?

Il faut donc distinguer, dans l'ensemble des obligations des hommes, les devoirs envers leurs semblables et les devoirs envers Dieu. Pendant très longtemps une confusion a existé entre ces deux catégories de devoirs, Dieu se trouvant chargé, dans l'opinion des croyants, de surveiller l'exécution des uns et des autres. Aujourd'hui, la distinction apparaît très nettement, et l'on sépare avec facilité des doctrines religieuses les principes de pure morale qu'elles contiennent. Le croyant fougueux qui s'isolait dans les déserts de la Thébaïde fuyait la nécessité des devoirs sociaux pour se consacrer entièrement à la glorification de Dieu ; un athée honnête homme néglige au contraire l'adoration religieuse qu'il ne comprend pas, et ne retient, de la religion de ses ancêtres, que les principes moraux. *Littré* est complémentaire de *Paphnuce.*

Ainsi, la séparation est aujourd'hui très nette entre les devoirs religieux et les devoirs sociaux, bien que, pendant une longue période de l'histoire de l'humanité, ces deux groupes de devoirs aient été confondus, par le fait qu'on croyait applicable à l'un et à l'autre la même juridiction divine. On leur appliquait aussi d'ailleurs la même juridiction humaine, et, aux époques théocratiques, les juges hommes, chargés de faire respecter les lois sociales, étaient au moins aussi sévères pour les crimes religieux que pour les crimes de droit commun.

L'hérédité peut, elle aussi, séparer les caractères correspondant à ces deux catégories de devoirs. On peut être dépourvu, en naissant, de l'idée de Dieu, et avoir néanmoins une conscience éprise de justice, un sentiment impérieux du devoir. Est-il possible, réciproquement, qu'un homme naisse plein de l'idée de Dieu et ait néanmoins une conscience morale très atrophiée? Je n'oserais l'affirmer, n'ayant aucun exemple à citer, mais je crois qu'on a le droit de considérer comme ayant été étouffé par l'exubérance du sentiment religieux le sens moral des grands fanatiques dont l'histoire nous a conservé le souvenir.

Si cette séparation de la moralité et de la religiosité était la règle dans l'espèce humaine, on pourrait, sans crainte de se tromper, affirmer que l'idée de Dieu n'a pas été indispensable à la genèse de notre conscience morale, et que cette conscience morale provient uniquement des nécessités prolongées d'une existence sociale. L'observation impartiale de l'humanité ne permet pas d'établir cette affirmation; il y a probablement très peu d'hommes qui soient purement athées ou purement fanatiques ; chez la plupart, une conscience morale de valeur variable s'unit à une foi religieuse également variable; la seule chose que l'on soit en droit de dire, c'est que, chez beaucoup d'hommes, le développement de la conscience morale est entièrement indépendant de celui de la foi religieuse ; encore ne faudrait-il pas généraliser !

En résumé, de ces quelques considérations sur le rôle de la foi dans la genèse de la conscience morale, nous ne pouvons pas tirer de conclusion définitive ; on *pourrait* comprendre que les seules nécessités sociales, aient, sans le secours d'aucune idée religieuse, fait naître, dans l'hérédité de l'homme, la conscience morale qui existe aujourd'hui dans son mécanisme; mais j'ai déjà fait remarquer plus haut combien est dangereux un raisonnement de cette espèce, puisque aussi bien, n'ayant jamais observé historiquement une société dépourvue de l'idée de Dieu, nous ne savons pas ce qu'une telle société eût été et eût donné. Certains philosophes prétendent qu'elle n'eût pu exister.

Aujourd'hui, doués par hérédité d'une conscience morale dont nous ne savons pas exactement quelle est l'origine, nous concevons aisément une société sans Dieu, une morale sans Dieu; mais il y a loin de là à conclure que, avant l'existence de cette conscience morale, une société eût pu se constituer sans exploiter l'idée religieuse. Et les abeilles? me direz-vous. Je n'accepte pas cet argument trop facile que me fournissent les croyants en refusant aux animaux l'âme qu'ils accordent à l'homme; je ne vois aucune raison pour que les abeilles et les fourmis n'aient pas d'idées religieuses; les caractères fixés par hérédité prennent, chez les animaux comme chez l'homme, l'apparence absolue qui est la source des croyances théologiques; les abeilles ont des principes comme nous!

§ 2). — L'EFFONDREMENT DES PRINCIPES

On a beaucoup discuté la légitimité de l'attitude du « bon Juge » qui, chargé par ses fonctions de faire respecter les lois de son pays, appliquait aux crimes ou délits de droit commun, l'arbitrage de sa conscience. Un riche boulanger ayant fait poursuivre une pauvre femme qui avait volé un pain, ce fut, je crois, le boulanger qui fut condamné. J'ai applaudi, avec beaucoup d'autres, à ce noble geste que n'eût pas désapprouvé Jésus-Christ ; mais, à la réflexion, je me suis trouvé très perplexe. Ce boulanger payait l'Impôt et se croyait, en retour, protégé contre les voleurs, même affamés, par les lois de son pays. Le bon juge s'arrogea le droit de faire l'aumône avec l'argent du boulanger ; certains compagnons de François d'Assise n'agissaient pas autrement ; l'un d'eux, si j'en crois l'histoire, coupa le pied d'un cochon vivant pour le faire manger à un frère malade qui en désirait ; le propriétaire du cochon poussa les hauts cris et demanda justice ; mais il fut désarmé par la naïve bonne foi du coupable ; il se convertit et devint l'un des plus fanatiques prosélytes du grand saint François. Cela est très bien, parce que cela a bien fini, mais je ne sache pas que le boulanger de tout à l'heure se soit décidé depuis son aventure à donner tout son bien aux pauvres.

Dans « l'Entretien d'un père avec ses enfants », Diderot discute une question semblable de tout point à celle du boulanger. Il professe, lui Diderot, la théorie mise en pratique par le bon juge, mais son père est partisan de l'application de la loi ; la conclusion de l'entretien est admirable :

« Mon père, c'est qu'à la rigueur il n'y a point de lois pour le sage...

— Parlez plus bas...

— Toutes étant sujettes à des exceptions, c'est à lui qu'il appartient de juger des cas où il faut s'y soumettre ou s'en affranchir.

— Je ne serais pas trop fâché, me répondit-il, qu'il y eût dans la ville un ou deux citoyens comme toi ; mais je n'y habiterais pas, s'ils pensaient tous de même. »

Loyauté et légalité sont deux mots identiques étymologiquement, mais l'un est populaire, l'autre est savant. Or, il peut arriver que les exigences de la loyauté et de la légalité soient contradictoires : rien n'est plus pénible, pour un homme, que de se trouver pris entre les ordres opposés de sa conscience morale et des lois de son pays ; et si cela est pénible quand il s'agit de discuter ses propres affaires, dans lesquelles on a toujours le droit, si l'on veut, de se faire du tort pour satisfaire sa conscience, combien plus douloureuse doit être la situation d'un juge chargé d'appliquer sévèrement la loi dans un cas où son humanité absout le coupable! Si j'avais été juge, le seul acte dont j'eusse été capable eût été de rendre mon bonnet dès la première affaire. On a déjà assez de se diriger soi-même!

Et cependant, un athée logique ne devrait pas hésiter à appliquer toute la loi, en s'attachant seulement à le faire aussi correctement que le lui permettent les lumières de sa raison, et sans consulter aucunement une sentimentalité dangereuse.

Pour l'athée logique, il n'y a pas de *principes* au sens ordinaire du mot. Voici comment il doit raisonner :

Ma conscience morale est le résumé héréditaire des nécessités sociales qu'ont traversées mes ancêtres pendant de nombreuses générations; à chaque époque, il y a eu des lois qui tenaient aux conditions réalisées dans les sociétés dont mes ascendants ont fait partie; de ces lois, quelques-unes ont peu duré et n'ont laissé que peu ou pas de traces dans mon hérédité; d'autres se sont conservées longtemps, et ont imprimé dans l'hérédité de ma race des traces ineffaçables. Ce sont ces traces que je retrouve en moi et que j'appelle ma conscience morale. Il n'y a pas de raison pour qu'elles soient encore d'une application avantageuse, puisque les conditions dans lesquelles vit la société actuelle sont différentes de celles qui ont créé les nécessités imprimées en moi avec un caractère absolu. Il est probable cependant que. dans l'homme, qui a beaucoup changé, certains caractères fondamentaux sont demeurés les mêmes; peut-être donc quelques-uns des principes qui forment mon sens moral sont-ils encore excellents; mais en aucun cas je ne dois en tenir compte s'ils me donnent des ordres en contradiction avec les lois actuelles de mon pays.

D'ailleurs, ceux qui ont fait les lois de mon pays étaient des hommes comme moi; ils avaient une conscience morale comme moi, et ils n'ont pas pu n'en pas tenir compte dans la mesure du possible au moment où ils ont élaboré ces lois. Je dois donc obéir aux lois, malgré les revendications possibles de ma conscience morale, résumé de particularités ancestrales qui, dans l'état social actuel, sont peut-être des erreurs.

Voilà comment doit raisonner un athée logique; mais il est bien difficile d'être logique, je l'ai montré précédemment à propos de notre notion indestructible de verticale absolue. Nous avons la notion également indestructible de ce qui est bien et de ce qui est mal, de ce qui est juste et de ce qui est injuste, et, toutes les fois que nous sommes obligés d'agir contre notre sentiment inné de la justice, nous nous révoltons malgré nous.

Si l'athée pouvait être logique, il tirerait donc. de son athéisme, une grande simplification de la vie ; pour lui bien des difficultés disparaîtraient ; sa conscience ne lui donnerait plus des ordres, mais des indications, dont sa raison tirerait le meilleur parti en les comparant aux indications actuelles de la loi. Malheureusement, on a beau être athée, on n'est pas parfait ; de ce qu'une des erreurs ancestrales, l'idée de Dieu, manque à la structure de l'athée, il ne s'ensuit pas moins qu'il possède dans sa structure d'autres erreurs, égale-ment tyranniques malgré l'absence de l'idée de Dieu, dont elles ont peut-être tiré leur caractère autoritaire et despotique.

Si les principes n'émanent pas d'un Dieu infaillible, s'ils proviennent seulement de contingences sociales passées, il n'y a aucune raison pour qu'ils vaillent mieux que les nécessités tirées des contingences sociales actuelles. Pour un athée vraiment logique, je le répète, il n'y a plus de principes ; il n'y a que les lois humaines.

Cela, sans doute est avantageux dans certains cas, mais ces sentiments absolus restent encore bien tyranniques, même quand on sait que leur caractère absolu est trompeur. Si l'on a une bonne nature, tout en étant athée convaincu, la seule règle de conduite qu'on puisse tirer de l'effondrement de ses principes, c'est de ne pas les appliquer dans leur rigueur quand il s'agit des autres, et de s'en réserver à soi-même toute la sévérité. Implacable pour lui-même, indulgent aux autres, voilà quelle doit être l'attitude de l'athée, que tant de gens ayant peu réfléchi considèrent au contraire comme devant se laisser aller sans frein à tous ses mauvais penchants. Pour qu'un athée fût vraiment à craindre, comme le prétend Voltaire, il faudrait qu'il fût dépourvu, en même temps, de sens moral et d'idée de Dieu ; mais s'il a du sens moral, son athéisme n'est nuisible que pour lui-même, puisqu'il le force à ne pas appliquer aux autres, ne s'en reconnaissant pas le droit, les règles sévères qu'il ne peut s'empêcher, s'il veut être en repos, d'appliquer à sa propre personne ; c'est là un luxe dangereux et qui désarme dans la lutte.

Cependant, comme dit Diderot, il y a aussi des avantages à être dupe de ses beaux sentiments : « A tout prendre, dit Crudeli, il vaut mieux pour son bonheur en ce monde être un honnête homme qu'un coquin ». La conscience morale est une chose avec laquelle on ne raisonne pas ; c'est un maître exigeant auquel on doit obéir sous peine d'être mécontent de soi ; il y a donc un premier avantage à être honnête homme, c'est qu'on est content de ce qu'on fait. Renan prétend quelque part que Jésus-Christ, qui parlait volontiers par paraboles, désignait sous le nom imagé du « royaume de son père » la satisfaction de la conscience.

Il y a encore un autre avantage, plus palpable,

celui-là, quoique moins important, c'est qu'on est aimé de ses congénères ; par conséquent, on n'a pas à se défendre contre eux ; on est tranquille. Cela vaut mieux que de compter sur la crainte du gendarme. C'est en se faisant aimer, que l'athée honnête homme, dupe forcée de sa conscience exigeante, tire parti de la conscience morale des autres, et les dupe à son tour. Car il les dupe en se faisant aimer, puisque, même satisfait de lui-même dans sa conscience, il ne s'aime pas ; il sait trop que le déterminisme exclut le mérite et la responsabilité ; il est comme il est, sans avoir pu être autrement ; mais il accorde volontiers du mérite aux autres, puisqu'il sait que les autres se croient responsables. Un athée doit admirer chez son voisin une belle action, qu'il trouverait parfaitement nécessaire, s'il en avait été l'auteur (ou du moins s'il avait participé à sa perpétration, car l'athée sait bien qu'il n'a pas en lui un principe qui agit ; il sait qu'il est un rouage au milieu d'autres rouages).

L'athée ne croit pas à sa personnalité, à son individualité ; il se considère comme une succession de mécanismes réunis l'un à l'autre par le lien d'hérédité, et subordonnés aux conditions ambiantes. N'ayant pas de personnalité, il ne s'accorde aucun droit contre les autres qui se croient des individus. Il ne s'accorde aucun droit, mais sa conscience morale lui impose des devoirs, et les ordres de la conscience ne se discutent pas avec de la raison.

Ainsi l'athée a une conscience morale qui ne lui sert que contre lui-même, parce qu'il est entouré de gens qui se croient libres et responsables, qui, par conséquent, se reconnaissent des droits. Une société d'athées *proprement dits* ne verrait jamais naitre aucun conflit de préséance ou autre ; elle serait comparable à une société de moines *vraiment* croyants. L'absence de l'idée de Dieu et son plein développement, produiraient les mêmes conséquences ; les extrêmes se touchent.

Chez l'athée qui, par raison, n'admet plus aucun principe, la survivance sentimentale de la conscience morale prend donc le caractère d'une sensiblerie maladive qui peut le rendre pitoyable aux êtres méchants et aux animaux nuisibles. Les anarchistes, quoi qu'ils disent, ne sont pas athées, sans quoi ils seraient désarmés dans la lutte ; leur amour des déshérités n'entrainerait pas la haine du propriétaire égoïste ; s'ils étaient athées, comment feraient-ils pour attribuer une valeur absolue au principe de Justice au nom duquel ils agissent ? S'il n'y a pas de Dieu, la justice n'est qu'un résidu ancestral comme la bonté et la logique.

En résumé, l'athée proprement dit, l'athée raisonneur qui va jusqu'au bout des conséquences de son athéisme est un être désarmé dans la lutte universelle ; il ne saurait être ni juge ni conducteur d'hommes ; il a déjà assez de mal à se conduire lui-même, ne croyant pas à sa personnalité, n'ayant pas le sentiment de ses droits. J'ai entendu exposer par un professeur de philosophie un subtil raisonnement, très connu probablement dans le monde des philosophes : Qui a des devoirs a par là-même des droits, savoir au moins, le droit de faire ce qu'il faut pour accomplir ses devoirs. L'athée vrai reconnaît les droits des autres et ne s'accorde aucun droit, quoi qu'ayant le sentiment du devoir ; c'est un être mal équilibré et qui n'est nuisible qu'à lui-même.

Bien entendu, je n'ai pas la prétention de dire qu'il suffit d'être athée pour être honnête homme ; je parle de l'athée philosophe et qui raisonne ; je suppose d'ailleurs qu'il a une conscience morale ce qui n'est pas fatal, mais s'il lui manque déjà l'idée de Dieu, qui est un des caractères héréditaires de l'espèce humaine, ce serait en faire un cas par trop tératologique que de le supposer en outre dépourvu de cet autre caractère spécifique qu'est la conscience morale. Que serait l'homme muni de cette double monstruosité ? Il est difficile de le deviner ; serait-il seulement viable ? Peut-être faut-il ranger dans cette catégorie les grands criminels qui ont étonné l'humanité[1].

1. Il faudrait cependant pour cela que la monstruosité s'accrût encore de l'absence de logique ou de raisonnement ; l'athée qui raisonne ne peut être ni orgueilleux, ni despote, ni cruel.

L'absence de l'idée de Dieu qui fait l'athée vrai, doit être comparée à l'absence de conscience morale qui ferait le fanatique vrai ; ni l'un ni l'autre de ces deux types extrêmes ne saurait constituer de sociétés ; l'athée est désarmé, nous l'avons vu, par l'existence d'une conscience morale qui ne trouve pas de contre-poids dans la croyance à la personnalité et au mérite ; le fanatique vrai ira peupler de son égoïsme inutile les thébaïdes solitaires.

Le type vraiment sociable est le type moyen, celui qui n'est ni athée ni fanatique, ou du moins celui qui, étant athée comme on l'est couramment de nos jours, ne va pas jusqu'au bout des conclusions de son athéisme, et conserve l'idée des principes *absolus* de justice, de personnalité, de responsabilité et de mérite, ou encore celui qui, étant croyant comme on l'est couramment de nos jours, ne va pas non plus jusqu'au bout des conclusions de sa foi, et ne se dit pas qu'il faut mépriser les affaires des hommes pour faire celles de Dieu.

Je dois m'occuper ici d'athéisme et non de fanatisme ; je ne connais d'ailleurs pas de fanatique vrai, et je pourrais me tromper dans mes conclusions. Je maintiens seulement qu'une société d'athées logiques est impossible parce que la notion de responsabilité absolue est une erreur sociale nécessaire. En revanche, une société d'athées doués de conscience morale me paraît absolument possible, s'ils ne raisonnent pas et s'ils acceptent sans discussion les données de leur conscience. C'est ce qui se produit dans notre société laïque actuelle qui n'est sûrement pas plus mauvaise qu'une autre ; il est vrai que les laïques d'aujourd'hui ne sont pas des athées pour la plupart, mais seulement des indifférents en matière de religion.

Cette indifférence en matière de religion pourra-t-elle se conserver pendant de nombreuses générations sans nuire à la conscience morale héréditaire? Il faudrait, pour répondre à cette question, savoir exactement quel a été le rôle de l'idée de Dieu dans la genèse de notre conscience morale. Étant donné ce qu'est l'homme aujourd'hui, *il me semble* que l'obéissance aux lois doit suffire à entretenir la conscience transmissible du bien et du mal, d'autant plus que, pour vivre sans crainte, l'homme a le plus grand avantage à se faire aimer de ses congénères, et qu'il vaut mieux, comme dit Diderot, pour son bonheur en ce monde, être un honnête homme qu'un coquin.

Je ne me suis placé, dans toutes ces considérations, qu'au seul point de vue de l'utilité sociale, de la valeur sociale des athées. Mon athéisme fondamental m'empêche de me placer à tout autre point de vue, puisque je ne reconnais pas de principe absolu. « Les droits de l'homme » sont, dans cette manière de raisonner, la conséquence de la capacité de nuire qu'a chacun ; pour se mettre en société, il faut accorder à chacun des associés des avantages qui neutralisent sa capacité de nuire; cette capacité de nuire augmente avec les découvertes modernes; la bombe à rapproché le roi du voyou, depuis que le voyou peut aisément tuer le roi; les gens qui croient à la justice doivent s'en féliciter.

Une autre manière d'obtenir l'égalité rêvée par les utopistes, c'est d'exploiter le sens moral de ses congénères et de s'en faire aimer; le premier moyen est plus facile; on ne peut employer les deux à la fois; l'homme n'aime pas celui qu'il craint. Notre ennemi c'est notre maitre!

CHAPITRE IV

Conséquences privées.

« Les hommes ne raisonnent et ne se conduisent presque jamais suivant leurs principes. »

(VOLTAIRE.)

§ 21. — PAS DE BUT, PAS DE DÉSIRS, PAS D'INTÉRÊT

J'ai exprimé au chapitre précédent, l'opinion que des *athées vrais* ne pouvaient pas vivre en société ; non pas pour les raisons que donne Voltaire, mais pour des raisons opposées, parce que l'absence de principes absolus les désarme dans la lutte pour l'existence ; une société est basée à la fois sur l'entente et sur la lutte.

Je voudrais dire maintenant quelques mots des conditions de vie de l'athée considéré seul, sans me préoccuper de ses rapports sociaux ; je parlerai naturellement toujours de l'athée vrai, monstre rare, et non de cette humanité médiocre[1] qui

1 Médiocre veut dire « moyenne » et n'est pas pris en mauvaise part, au contraire.

court les rues, et qui n'est ni complètement athée ni complètement fanatique.

L'idée de justice absolue manque à l'athée, non pas que l'idée de justice vienne directement de l'idée de Dieu ; tous les dieux qu'on a vénérés depuis que le monde est habité sont souverainement injustes ; tous ont des préférences et des passions, comme les hommes ; mais la croyance en un juge est nécessaire à l'idée humaine de justice ; l'athée ne peut croire qu'à des résidus héréditaires d'erreurs ancestrales.

Sans posséder l'idée de justice, l'idée de mérite, l'idée de responsabilité, qui sont les principaux mobiles des actions humaines, comment un homme peut-il vivre ?

Je crois qu'il ne *peut pas vivre !*

Il y a des erreurs *fondamentales* dans la nature de l'homme actuel, et ces erreurs sont aussi indispensables à sa vie que son nez, sa bouche ou son cœur. Heureusement pour l'athée, les ordres de la conscience morale ne se discutent pas : l'athée le plus raisonneur ne raisonne pas tous les actes de sa vie ; il mourrait. Il agit instinctivement suivant sa nature ; il obéit à sa conscience sans se demander si sa conscience est d'accord avec la logique.

Cependant, petit à petit, à force de raisonner et de discuter tous les problèmes philosophiques, il acquiert quelques certitudes paralysantes, qui prennent place dans son mécanisme à côté de sa conscience morale, et qui la neutralisent plus ou moins; cela détend les ressorts de la vie. Un athée qui a beaucoup raisonné ne saurait être ambitieux, et l'ambition est un puissant mobile. S'il allait vraiment jusqu'au bout des conséquences de son athéisme, il n'aurait plus aucun désir, aucun but, il ne ferait plus aucun effort! A quoi bon? Heureusement, je le répète, il n'y a pas d'athée parfait, et certains sentiments violents font partie de notre organisme indépendamment de tous les raisonnements. J'ai beau savoir quelle est l'origine ancestrale de l'amour, cela ne m'empêche pas d'être amoureux, et ma logique n'y peut rien. Et si j'ai mal aux dents, la philosophie ne me servira pas de grand'chose. L'idée de Dieu me serait-elle plus secourable? Dirais-je avec une secrète volupté, comme la nonnain du bon conteur : « Seigneur! je vous l'offre ! » Un fanatique doit se réjouir de ses souffrances corporelles; de là est né l'ascétisme; un athée, au contraire, n'a aucune joie à souffrir et doit l'éviter le plus soigneusement qu'il peut. Une souffrance intolérable conduirait fatalement l'athée au suicide; un athée ne doit vivre que s'il est heureux; j'examinerai tout à l'heure l'attitude logique de l'athée vis-à-vis de la mort; mais je dois affirmer ici, en toute sincérité, que je ne vois aucun *raisonnement* capable d'arrêter *l'athée parfait* que le suicide tente. Seulement, il n'y a pas d'athée parfait; la conscience morale impose au plus libéré des athées des devoirs qu'il ne sait pas éviter; l'athée qui est fils, frère, mari, est retenu, à défaut de raisonnement valable, par le souci du chagrin qu'il causerait, et du besoin qu'ont de lui des êtres chers. Un athée qui serait capable de renoncer à ses devoirs envers le monde, comme le font les moines, se suiciderait fatalement au moindre accroc.

Et personne ne s'en plaindrait.

L'athée logique ne peut prendre aucun intérêt à la vie; c'est là la vraie sagesse, mais c'est, à mon avis, trop de sagesse; c'est l'indifférence du fakir. Je suis fort aise, pour ma part, d'avoir, à côté de mon athéisme logique, une conscience morale résultant d'une quantité d'erreurs ancestrales, et qui me dicte ma conduite dans des cas où ma raison me laisserait noyer.

Quoi qu'il en soit de l'existence de cette conscience morale qui corrige l'effet de la raison, la vie de l'athée logique a certainement moins de piment que celle de l'homme dont la conduite est sans cesse dirigée par des principes absolus; l'athée ne saurait ni haïr ni se venger, ce qui est, dit-on, le plaisir des dieux (et même du Dieu des Chrétiens, si l'on en croyait le père Ollivier!). L'athée peut avoir une vie incomplète; il ne saurait être méchant.

§ 22. — ATTITUDE DE L'ATHÉE DEVANT LA MORT

La mort est le triomphe de l'athée.

De nombreux écrivains religieux, et non des moindres par le talent et l'autorité, ont prétendu qu'en présence de la mort, l'athée, pris de peur, ferait venir un prêtre. C'est là une absurdité impardonnable. Elle a cependant été redite souvent; et d'ailleurs les hommes de talent qui l'ont soutenue ont une excuse : ils ne pensaient pas aux athées vrais, mais à ces fanfarons de l'anticléricalisme qui, par un sentiment de gloriole inadmissible chez un athée, ont voulu étonner leurs contemporains par le spectacle de leur bravoure. C'est une bravoure chez un anticlérical rempli (il le démontre par ses actes même) de superstitions religieuses, de percer une hostie d'un poignard ou de manger du gras-double le vendredi-saint; ces actes, pour un athée, sont aussi naturels que de couper son pain ou d'aller au cabinet; il ne saurait en tirer gloire; celui qui le fait avec ostentation, ou bien possède sans s'en douter un vieux levain de croyance dont il se moque jusqu'à ce qu'il y succombe, ou bien veut contrister ceux de ses congénères qui respectent les croyances dont il se raille, sentiment qui ne saurait s'allier avec l'athéisme proprement dit, puisque l'athéisme ne laisse place ni à la haine ni à la vengeance.

La mort est, je le répète, le triomphe de l'athée.

Si ses raisonnements l'ont amené à trouver moins de prix à la vie, et cela est incontestable, il a naturellement d'autant moins de peine à la quitter. Mais cette manière sentimentale de raisonner est insuffisante; l'athée ne redoute pas la mort, puisqu'il est convaincu que la différence n'est pas essentielle entre la vie et la mort; il croit au néant qui suit la vie, et l'on ne saurait redouter le néant; l'athée ne craint pas de devenir *rien* parce qu'il est convaincu qu'il n'est *rien* qu'un mouvement momentané de matériaux ayant subi par hérédité un certain arrangement. Pour le croyant, au contraire, à moins qu'il n'ait de ses mérites une opinion extravagante, la mort est pleine de la terreur qui précède le jugement. Si l'on me donnait à choisir, *pendant ma vie*, entre l'athéisme et la foi, j'hésiterais sans doute; à l'heure de la mort je n'hésiterais pas; l'athéisme est infiniment préférable. Cela n'empêcherait pas d'ailleurs que j'acceptasse la visite d'un prêtre si cela faisait plaisir aux miens; ce geste m'est trop indifférent pour que je refuse.

C'est l'une des plus curieuses d'entre les conquêtes de la science humaine que la certitude de la mort. La mort est le phénomène à venir dont l'homme est le plus certain, *et cependant, il n'y croit pas*. Il n'y croit pas pour lui-même parce que jamais, dans la lignée ascendante dont il dérive, *aucun de ses ancêtres n'est mort*. Tous mes ancêtres sont morts, il est vrai, mais *après* avoir engendré ceux qui les ont suivis dans la lignée ininterrompue dont je suis le dernier terme, *après* avoir transmis par conséquent à leurs descendants tous les caractères résultant de leur expérience; *rien* donc n'a été transmis jusqu'à moi qui ait rapport à l'expérience de la mort; je n'ai, ni par moi-même, ni par mes ancêtres, *l'expérience de la mort*. Aussi je n'y crois pas, et cependant je sais bien que je mourrai ! C'est encore l'histoire de la verticale absolue; ma raison contredit mon sentiment. On pourrait dire que l'idée de l'immortalité, si générale chez l'homme (et les animaux), est le résultat héréditaire de la *continuité* des lignées qui n'ont *jamais*, jusqu'aux animaux actuels, été interrompues par la mort. Il est plus simple d'exprimer la même pensée d'une autre manière: l'homme n'ayant pas l'expérience de la mort ne peut y croire pour lui-même. Il a donc inventé naturellement le dogme de l'immortalité.

La notion de continuité est l'équivalent de celle d'immortalité. Un homme qui croit avoir eu une personnalité *continue* pendant 70 ans, ne peut admettre que sa personnalité n'est pas éternelle. Toute autre est la croyance de celui qui a compris l'extemporanéité de sa personnalité caduque. *Je* suis, en ce moment précis, un assemblage de matériaux agencés d'une certaine manière; dans un instant, *je* serai un autre assemblage différent du premier, et cette différence se traduira, si mon enveloppe extérieure n'a pas suffisamment varié, par le changement considérable introduit dans mes pensées, dans mon mécanisme cérébral. La continuité entre ces deux états différents est établie par la mémoire, grâce à laquelle des états passés de l'individu sont représentés dans son état présent, grâce à laquelle on peut employer le mot *je* pour représenter ces organismes différents. *Je* est immortel, fatalement[1].

Une fois qu'on a compris cela, si l'on veut bien admettre que la mort consiste à cesser d'être ce qu'on est, on ne doit plus avoir aucune peur de la mort finale, car, au point de vue subjectif, on meurt à chaque instant[2], et la mort définitive qui est la mort objective n'est pas plus importante, subjectivement, que les autres.

L'athée sachant combien il est caduc et qu'il cesse, à chaque instant, d'être lui-même, ne saurait donc avoir peur de la mort.

Je ne dirai pas pour cela qu'il ne redoutera pas la douleur qui accompagne la mort ; c'est une autre question. On a peur de se faire arracher

1. J'ai longuement étudié cette question dans *Le Conflit*. Armand Colin.

2. Il ne faut pas confondre cette manière de parler avec le paradoxe de Claude Bernard « la vie c'est la mort ». Il s'agit, pour Claude Bernard, de mort *objective*.

une dent à cause de la douleur de l'opération, et l'on peut être athée sans être brave devant la souffrance.

Indépendamment donc de la question de douleur (et je ne serais pas éloigné de penser que le croyant est mieux armé contre la douleur que l'athée ; un fanatique se fait hacher avec joie pour gagner le ciel), indépendamment de la question de douleur, l'athée n'a aucune peur de la mort ; il est sans cesse prêt à mourir, n'ayant pas besoin, avant le néant, de mettre ses affaires en ordre.

Mais, pour être athée, on n'en est pas moins homme ; on a des sentiments d'affection pour d'autres êtres, qui, eux, ne sont pas ordinairement athées, et n'envisagent pas la mort avec la même indifférence ; là encore, la conscience morale empêche l'athée d'agir rigoureusement suivant son athéisme : il n'a pas à mettre ses affaires en ordre, mais il peut avoir à s'occuper des affaires de ceux de ses proches auxquels il est utile, et qui pourraient souffrir de sa mort, dans leur sensibilité ou dans leurs intérêts.

Dans une société de gens *non athées*, l'athée doué de sensibilité et de conscience morale, ne peut jamais agir en athée parfait, car il doit faire entrer en ligne de compte, dans ses déterminations, l'erreur qui fait le fond des raisonnements de ses congénères. Dans une société de gens vraiment athées, le suicide anesthésique serait évidemment en honneur; la société disparaitrait probablement par ce moyen.

§ 23. — L'ATHÉE ET LA PEUR

Si l'athée a peur de la douleur, il doit avoir aussi d'autres peurs instinctives, des peurs inexpliquées qui sont, comme sa conscience morale, le résultat héréditaire de caractères ancestraux. Je ne parle pas de la peur du danger réel; cette peur est indispensable; elle fait partie de l'instinct de la conservation, pourvu qu'elle se borne à la conscience du péril et conduise à trouver les moyens de l'éviter. Nuisible est au contraire la peur stupide qui, devant le danger imminent, paralyse l'individu et le livre à son ennemi, désarmé par un fatalisme impuissant.

Cette peur stupide et nuisible ressemble, par beaucoup de points, à la peur mystique, à la peur héréditaire de dangers irréels, dont les enfants en particulier souffrent si violemment; c'est la peur des animaux devant la foudre, la peur des personnes faibles devant l'obscurité où « on ne sait pas ce qu'il y a ». Certainement, cette peur est héréditaire; c'est un reste atavique des croyances de nos ancêtres qui se trouvaient désarmés, malgré tous leurs efforts, devant les caprices de dieux inconnus et autoritaires; la peur mystique est le sentiment de l'impuissance humaine devant la volonté des dieux, des êtres surnaturels qu'enfanta l'imagination de nos aïeux. L'athéisme guérit de cette peur, quelque fortement fixée qu'elle soit dans notre hérédité ; la certitude que rien de surnaturel n'agit sur nous, et que, par un acte intelligent, nous pouvons essayer de lutter contre tous les dangers qui nous menacent, met un effort raisonné et conscient à la place d'un tremblement convulsif.

Que l'athéisme guérisse de la peur mystique, alors qu'elle coexiste avec une conscience morale dont les indications sont cependant en contradiction avec la logique, cela prouve que la peur n'est pas aussi fortement ancrée dans notre hérédité ; il est vraisemblable, en effet, que la peur provient seulement des premiers âges de l'humanité, tandis que la conscience morale, relative aux conditions de la vie sociale, n'a pu que se renforcer à chaque génération.

A vrai dire, ce n'est pas l'athéisme, c'est la science, qui guérit l'humanité de la peur héréditaire, en lui donnant chaque jour des moyens nouveaux de lutter contre des causes naguère mystérieuses de destruction ; le développement de la science a limité les caprices des dieux. Chose curieuse, pour un athée au moins, le développement de la science, donnant des explications déterministes de la plupart des phénomènes, n'a pas fait disparaître la croyance religieuse, quoique ayant réduit, le plus souvent, le rôle des dieux à celui de témoins impuissants. Il est vrai qu'il reste le miracle ! Pour ma part, si je croyais au miracle, je mourrais de peur, ne trouvant jamais dans un déterminisme *irrégulier* des raisons précises de faire tel ou tel effort en face de tel ou tel danger. Il est vrai que le miracle est considéré comme rare ; les croyants se conduisent ordinairement comme si le miracle n'existait pas ; sans cela ils seraient fatalistes. Il est possible que la différence entre les athées et les croyants ne soit, dans la plupart des cas, qu'une question de mots !

Une des peurs les plus répandues est celle du cadavre.

Je me suis souvent demandé si la peur de la mort ne prendrait pas, chez les hommes, un caractère moins obsédant, dans le cas où nous ne laisserions pas de trace morphologique de notre existence éphémère, dans le cas où nous nous évanouirions dans les gaz atmosphériques comme la flamme d'un feu follet qui s'éteint. Je crois que le cadavre, avec la rigidité de ses colloïdes coagulés, avec la décomposition hideuse qui défigure des traits naguère chéris, fait plutôt horreur que peur ; et cette horreur, plus sentimentale que raisonnée, ne disparaît pas fatalement devant le développement de la science, car elle est du domaine de la conscience métaphysique ou morale, et non de celui de la logique; c'est l'habitude seule qui en vient à bout, indépendamment des croyances religieuses, comme le prouve l'indifférence des médecins, croyants ou non, qui ont passé longtemps à l'amphithéâtre. Il est regrettable qu'un texte de loi religieuse, peut-être mal interprété, appliqué, en tout cas, sans l'ombre de raison, s'oppose, dans notre pays, à la mesure d'hygiène physique et morale que serait la crémation.

Si la science a guéri l'humanité de la peur, c'est une raison suffisante pour que nous aimions la science. Il y en a peut-être d'autres pour que nous ne l'aimions guère ! Qui de nous n'a envié, un jour ou l'autre, le bonheur de la vache ruminant paisiblement à l'ombre d'un châtaigner? Qui n'a désiré un jour abdiquer sa souveraineté humaine en échange d'une bienheureuse inconscience ? Sans la peur, la peur stupide qui devait empoisonner le bonheur de vivre chez les ancêtres des vaches comme elle le fait aujourd'hui chez les gazelles et autres animaux timorés, quelle joie ne trouverions-nous pas à oublier tout ce que nous savons, à ne retenir de nos acquisitions ancestrales que les mécanismes instinctifs qui nous amènent à éviter le danger. La science engendre des questions, des préoccupations de toutes sortes.

Le cheval sait-il qu'il mourra ? Rien ne nous force à le croire ; il craint la douleur et non la mort; je pense qu'il doit avoir le sentiment héréditaire de son immortalité; il n'a donc pas la ressource du suicide, mais peut-il être assez malheureux pour souhaiter n'être pas? Le suicide n'est compréhensible que chez celui qui croit au néant; il est absurde chez un être convaincu de son immortalité.

Autre question : le cheval sait-il qu'il engendre quand il fait l'acte générateur? Le roussin sait-il qu'en *roussinant*, comme dit Rabelais, il fait un poulain à sa jument? Combien différente serait la vie de l'homme s'il satisfaisait son besoin génésique sans en connaître les conséquences lointaines? Il n'est pas absurde de se demander cela, car l'homme qui sait pourtant, depuis des milliers de siècles, comment il engendre, n'en a pas la notion héréditaire; les enfants héritent de l'instinct sexuel, mais ignorent ses conséquences, tant qu'on ne les leur a pas apprises. Vaudrait-il mieux qu'ils les ignorassent toujours? J'écris ces réflexions au hasard, pour montrer que l'arbre de la science donne peut-être quelques fruits amers, et que Dieu fut vraiment sévère en punissant si cruellement Adam d'y avoir goûté!

§ 24. — RÉSUMÉ

De toutes les considérations précédentes, on peut conclure, en résumé, ce qui suit :

1° Dans une société comme la nôtre, où la

plupart des gens sont croyants ou indifférents, mais acceptent en tout cas, comme ayant une valeur absolue, les indications de leur conscience morale, un athéisme *logique*, accompagné d'une conscience normale, ne peut nuire qu'à celui qui en est porteur; l'athée logique est désarmé dans la lutte ; la certitude qu'il a de l'origine historique de ses principes moraux l'empêche de se reconnaître des droits; mais les exigences de sa conscience lui imposent, malgré sa raison, des devoirs auxquels il ne peut pas se soustraire, puisqu'il vit avec des gens qui croient à la valeur absolue de ces devoirs; c'est l'erreur de ses congénères qui le désarme vis-à-vis d'eux. Il ne peut être sévère pour eux, au nom des principes dont il ne reconnaît pas l'essence divine, mais il est sévère pour lui-même, parce que ces principes, bien que n'ayant que la signification de résidus héréditaires, existent en lui; il n'y peut contrevenir sans être malheureux. Débarrassé de toute terreur vaine en ce qui concerne l'avenir, l'athée logique doit puiser dans sa conscience morale une immense pitié pour ceux de ses semblables qui tremblent sans cesse devant l'échéance prochaine. L'athée logique ne peut avoir ni ambition, ni haine, ni but lointain ; la vie perd pour lui beaucoup de son prix, puisqu'il ne croit pas au mérite, mais il ne craint pas la mort;

2° Dans une société dont tous les membres seraient de purs athées, allant jusqu'au bout des conclusions logiques de leur athéisme, la conscience morale de chacun perdrait toute valeur en tant que sentiment social; chaque athée se soumettrait aux ordres de sa conscience pour le seul plaisir de sa satisfaction personnelle, mais les croyances de ses voisins ne lui imposeraient pas de devoirs ; une telle société, formée exclusivement d'athées, finirait naturellement par une épidémie de suicide anesthésique ;

3° Après avoir essayé de mettre en relief les avantages et les inconvénients incontestables de l'athéisme, il faudrait essayer d'exécuter les mêmes recherches pour la foi religieuse ; je n'en suis pas capable pour ma part, et je laisse la besogne à un croyant ; je doute cependant qu'on puisse faire un tel travail sans passion.

CHAPITRE V

Quelques considérations sur la religion du peuple.

§ 25. — DIFFICULTÉ D'ÊTRE IMPARTIAL

« Il est très vrai, dit Voltaire, que, par tout pays, la populace a besoin du plus grand frein, et que si Bayle avait eu seulement cinq ou six cents paysans à gouverner, il n'aurait pas manqué de leur annoncer un Dieu rémunérateur et vengeur ».

Diderot n'est pas absolument du même avis ; il ne croit pas que, dans la balance des avantages et des inconvénients de la religion, l'excédent soit en faveur des avantages :

« Crudeli. — Ainsi vous êtes persuadée que la religion a plus d'avantages que d'inconvénients ; et c'est pour cela que vous l'appelez un bien ?

La Maréchale. — Oui.

Crudeli. — Pour moi, je ne doute point que votre intendant ne vous vole un peu moins la veille de Pâques que le lendemain des fêtes; et que, de temps en temps, la religion n'empêche nombre de petits maux et ne produise nombre de petits biens.

LA MARÉCHALE. — Petit à petit, cela fait somme.

CRUDELI. — Mais croyez-vous que les terribles ravages qu'elle a causés dans les temps passés, et qu'elle causera dans les temps à venir, soient suffisamment compensés par ces guenilleux avantages? Songez qu'elle a créé et qu'elle perpétue la plus violente antipathie entre les nations. Il n'y a pas un musulman qui n'imaginât faire une action agréable à Dieu et au saint Prophète en exterminant tous les chrétiens, qui, de leur côté, ne sont guère plus tolérants. Songez qu'elle a créé et qu'elle perpétue, dans une même contrée, des divisions qui se sont rarement éteintes sans effusion de sang. Notre histoire ne nous en offre que de trop récents et trop funestes exemples. Songez qu'elle a créé et qu'elle perpétue dans la société, entre les citoyens, et dans la famille, entre les proches, les haines les plus fortes et les plus constantes. Le Christ a dit qu'il était venu pour séparer l'époux de la femme, la mère de ses enfants, le frère de la sœur, l'ami de l'ami; et sa prédiction ne s'est que trop fidèlement accomplie.

LA MARÉCHALE. — Voilà bien les abus, mais ce n'est pas la chose.

CRUDELI. — C'est la chose si les abus en sont inséparables. »

Je n'ai pas qualité pour trancher le différend; c'est seulement l'histoire (encore faudrait-il qu'elle fût faite sans passion), qui pourrait résoudre la question, *s'il y avait une histoire de peuples athées à mettre en parallèle de celle des peuples croyants*. Il n'y en a pas.

Je me contenterai donc de faire quelques remarques sur ce que j'ai vu dans mon pays, la Bretagne armoricaine, pays considéré comme très religieux et qui est vraiment arriéré. Quoi que je dise, je suis sûr d'être repris et violemment; les revues catholiques ne sont pas tendres pour ceux qui ne croient pas comme elles. Voici, par exemple, comment j'ai été traité il y a quelques années pour avoir, en toute sincérité, écrit ce que je pensais :[1] « Volume à la fois très perfide et très sot..... Ce livre est détestable, mais — et c'est son châtiment — il est puéril, ridicule souvent, odieux et vil toujours ». Il s'agissait d'un petit livre[2] où j'avais rapporté, aussi fidèlement que possible, des conversations que j'avais eues avec un ecclésiastique de mes amis. Naturellement, c'était le prêtre qui avait commencé; il avait voulu, comme c'était son devoir de croyant, me convertir au

1. *Revue générale*, Bruxelles, septembre 1901, et *Revue bibliographique belge*, Bruxelles, 31 juillet 1901.

2. *Le Conflit*. Armand Colin.

catholicisme; moi, je n'ai pas les mêmes raisons de vouloir faire des prosélytes, car je ne sais pas si l'athéisme est bon; mais je trouve qu'il est du devoir de tout croyant convaincu d'essayer de communiquer sa foi. Mon contradicteur était fort éloquent, et aussi un peu bavard comme moi-même; nous eûmes donc beaucoup de plaisir à converser, mais je dus résumer de mon mieux les arguments de mon adversaire, et c'était là, je l'avoue, une besogne ingrate pour quelqu'un que lesdits arguments n'avaient pas convaincu; passant par une bouche d'athée, les démonstrations de mon abbé perdaient toute force et toute saveur. Il a heureusement pris soin, depuis, de les reproduire *in extenso* dans la *Revue du Clergé français*. On m'a reproché de les avoir affaiblies volontairement; ce reproche est illogique; il serait explicable s'il s'agissait d'un croyant qui expose les théories d'un athée, car son devoir de croyant serait d'atténuer, s'il les trouvait dangereux, les arguments de son adversaire. Encore cela n'est-il pas à craindre, car un croyant comme celui dont je parle, ne saurait être ébranlé dans sa foi par les théories les plus osées; il n'aurait donc aucune raison de ne pas les reproduire intégralement, les trouvant inoffensives; de même l'athée pour le curé.

Si j'ai ouvert ici cette parenthèse, ce n'est pas pour me défendre du reproche de mauvaise foi, c'est pour faire un raisonnement.

C'est au peuple, dit-on, que la religion est nécessaire ; c'est donc la religion du peuple qui doit être bonne ; un athée devrait être convaincu par le plus simple des croyants, aussi sûrement que par un prince de la théologie. Si les prêtres ont une doctrine ésotérique, et enseignent au peuple une religion grossière, quel avantage puis-je tirer de ce que leur doctrine personnelle est très élevée, si celle qui joue un rôle social, celle dont les excès sont à craindre et les avantages à apprécier, si la religion du peuple, en un mot, est un ramassis de bourdes et de superstitions? Eh bien ! ici, dans mon pauvre pays breton, je n'hésite pas à affirmer que la religion du paysan (qui, heureusement, n'est plus fanatique et ne peut plus être dangereux), se réduit exclusivement à quelques pratiques extérieures, dont beaucoup sentent le paganisme d'une lieue. Le culte des statues, des fontaines, des symboles en un mot, est la véritable religion des paysans bretons. Ils s'indigneraient sans doute, si je leur disais que c'est un contresens zoologique de mettre des ailes à des anges, qui ont déjà des bras, et que d'ailleurs, les anges de Dieu, n'ayant pas que l'atmosphère pondérable à traverser (au fait, d'où venaient-ils?) n'avaient pas besoin d'ailes pour se mouvoir.

Mais je ne le leur dirai pas ; la foi du charbonnier lui donne, dit-on, le bonheur, et je serais désolé de l'en priver; je veux bien discuter avec des philosophes qui ont, comme moi, leur siège fait; je suis certain, heureusement, que mes voisins paysans ne liront pas mes livres; sans cela, je ne les écrirais peut-être pas.

Ce qui me parait le plus frappant dans la mentalité de mes pauvres compatriotes, c'est l'absolue séparation qui existe pour eux entre le devoir religieux et le devoir social. Le devoir religieux consiste à aller à la messe, à communier de temps en temps, et à faire maigre le vendredi; mais, sans oser affirmer qu'ils n'en disent jamais un mot à confesse, je suis convaincu que, pour eux, les affaires de voisin à voisin ne regardent pas le curé. Il y a bien la confession au lit de mort; mais je crains que beaucoup ne comptent trop sur cette confession dernière, qu'ils ne croient jamais prochaine; or, la confession au lit de mort n'a plus aucune importance sociale; un mourant n'est pas dangereux.

Réduite à ses proportions actuelles, je ne crois donc pas que la religion du peuple puisse être considérée comme ayant une influence sociale quelconque. L'observance des lois regarde le gendarme et non le curé, abstraction faite, bien entendu, de la conscience morale de chacun qui, indépendamment de toute foi religieuse, joue un rôle immense dans les relations humaines. Si, dans les circonstances actuelles, les paysans illettrés trouvent une contradiction entre l'obéissance aux lois de leur pays et l'obéissance au curé, la sépa ration de la conscience religieuse et de la con science morale se fera plus profonde en chacu d'eux, et cette séparation sera plus importante qu la séparation de l'Église et de l'État.

Mais, il est aussi impossible à un athée qu'à un croyant d'être impartial dans une telle question.

CHAPITRE VI

Opinions absolues émises du point de vue scientifique dans des questions d'enseignement.

---

§ 36

Le scepticisme en matière sociale est une sagesse à laquelle l'athée n'arrive pas du premier coup. Oubliant que la vérité scientifique et la vérité humaine sont souvent différentes, quelquefois même contradictoires, j'ai naguère émis des opinions dont le caractère absolu m'effraie un peu aujourd'hui. J'en reproduis deux exemples caractéristiques ; le premier est la réponse que je fis en 1902 à l'enquête de la *Revue Blanche* sur la liberté de l'enseignement ; le deuxième, la conférence que je fis en 1905 au Musée pédagogique. Je ne désapprouve aujourd'hui aucune de mes affirmations passées, mais je n'ai plus la même assurance quant à la nécessité sociale de l'enseignement de la vérité.

§ 27. — RÉPONSE A L'ENQUÊTE DE LA « REVUE BLANCHE » SUR LA LIBERTÉ DE L'ENSEIGNEMENT[1]

Voici quel était le questionnaire :

1° Dans quelle sorte d'établissement (laïque ou religieux) avez-vous été élevé ?

2° Quelle influence attribuez-vous à l'éducation reçue, dans le développement de votre personne intellectuelle et morale ?

3° Que pensez-vous de la liberté de l'enseignement ? Faut-il, selon vous, la restreindre, voire la supprimer, ou, au contraire, lui donner plus d'extension ?

4° Que pensez-vous de l'usage qui est fait du mot « liberté », dans cette question de l'enseignement ?

Voici ce que je répondis :

1° J'ai fait mes études littéraires au collège de Lannion (établissement municipal laïque), puis mes classes de sciences au lycée de Brest et au lycée Janson de Sailly, d'où je suis entré à l'École normale. J'étais externe au collège de Lannion et, pendant cette partie de ma jeunesse, mon éducation a été dirigée surtout par mon père. Mes professeurs ne m'ont guère appris que des faits ; c'est mon

1. *Revue blanche*, 1er juin 1902.

père qui m'a appris à penser. Il était médecin et voltairien ;

2° Tous les caractères des êtres vivants sont le résultat de l'hérédité et de l'éducation ; je crois avoir remarqué autour de moi que, suivant les natures, l'éducation a une importance plus ou moins considérable. Il y a des individus moins souples que d'autres ; j'étais, je pense, parmi les plus éducables. Ce qui me paraît avoir été essentiel dans mon éducation, ce ne sont pas les choses qu'on m'a enseignées (j'ai appris l'histoire sainte), mais la discipline intellectuelle à laquelle on m'a soumis. Je suis en particulier très reconnaissant à l'un de mes professeurs de mathématiques qui avait, au plus haut point, l'esprit scientifique et qui savait le communiquer à ses élèves. Il m'a appris à ne jamais employer, dans les raisonnements, un seul mot dont j'ignorasse le sens précis et je crois que cette discipline a dominé toute ma vie cérébrale. J'ai eu aussi le grand bonheur de ne pas suivre de classe de philosophie ; j'y aurais appris, probablement, exactement le contraire de ce que m'a enseigné mon professeur de mathématiques ;

3° Quant à la liberté de l'enseignement, le seul point qui me paraisse indispensable, c'est que l'on doit *interdire* d'enseigner aux enfants des choses reconnues fausses. Je sais bien que si, d'autre part, on développe chez eux l'esprit de précision, ils s'apercevront par eux-mêmes, quand ils seront grands, qu'on les a trompés quand ils étaient petits. Mais il serait plus simple de leur éviter dès le début cette rectification ultérieure ; d'autant plus qu'à force de leur faire prendre, de bonne heure, des vessies pour des lanternes, on peut arriver à détruire définitivement chez eux toute trace de sens critique. Cela doit arriver surtout, semble-t-il, si, dès leur plus tendre enfance, on leur apprend que les vérités les plus importantes s'expriment par des phrases dépourvues de signification palpable, si on les dresse à considérer comme essentielles les formules qu ils ne comprennent pas. On en fait des perroquets prétentieux.

Il est néanmoins indispensable que l'on fournisse aux enfants, puisqu'ils ont besoin de comprendre les choses extérieures, une explication provisoire en rapport avec le développement de leur jeune intelligence. Mais il ne faut pas imiter les parents qui, pour se débarrasser des « pourquoi » souvent très gênants de leurs gamins, leur farcissent la cervelle d'absurdités. C'est là, d'ailleurs, la chose la plus difficile à réaliser. Je ne connais pas de manuels d'enseignement primaire qui soient suffisants. Il faudrait en faire de bons *et les imposer* ;

4° Ceux qui réclament la liberté de l'enseignement peuvent se placer à deux points de vue. Ou bien ils demandent qu'on donne à choisir aux enfants entre les divers systèmes admis par les adultes ; mais il n'y a là qu'une liberté illusoire, car il sera toujours possible au maître de rendre sympathique à l'enfant la théorie qui lui est chère à lui-même, et, d'autre part, les explications les plus simplistes, celles qui exigent le moindre effort (un effort de mémoire et non d'intelligence), les explications qui dissimulent leur nullité sous un attirail de mots pompeux, seront les plus facilement adoptées.

Ou bien ils demandent qu'on autorise les parents, s'ils ont l'esprit faussé et se plaisent dans leur ignorance, à fausser l'esprit de leurs enfants et à les condamner aux ténèbres perpétuelles. Mais les enfants ne sont pas la propriété des parents ; ce ne sont pas des jouets dont on ait le droit de s'amuser ; ils sont destinés à devenir des hommes plus tard, et l'État a le devoir de veiller à ce qu'ils deviennent, au besoin malgré leurs parents, des hommes à l'esprit droit.

On discute sur beaucoup de points, mais l'humanité n'a pas travaillé en vain ; il y a des vérités *acquises ;* il y a des choses dont l'erreur est *reconnue.* Il faut interdire l'enseignement de l'erreur, et rendre obligatoire celui de la vérité.

§ 28. — L'ENSEIGNEMENT DES SCIENCES NATURELLES COMME INSTRUMENT D'ÉDUCATION PHILOSOPHIQUE[1]

Si l'on admet, avec Auguste Comte, que « savoir c'est prévoir », la science de la vie est bien limitée ; il y a fort peu de cas où l'on connaisse suffisamment les éléments d'un fait biologique pour pouvoir le reproduire *identique* à lui-même ; avant Pasteur, il n'y en avait pas un seul. Si j'inocule à un mouton les deux vaccins charbonneux, je prévois *avec certitude* que le mouton, guéri de la seconde inoculation, sera réfractaire au charbon ; et précisément les faits d'immunité, qui sont à peu près les seuls dans lesquels on puisse, chez un être *qui reste vivant*, prévoir une partie de l'avenir, ne sont pas enseignés dans les lycées. Je reviendrai tout à l'heure sur cette question de l'opportunité de l'enseignement précoce de certains faits de Pathologie ; je voulais seulement faire remarquer, pour l'instant, que, les Sciences naturelles n'étant pas des sciences faites, *il n'y a pas, du moins au point de vue philosophique, d'enseignement secondaire des Sciences naturelles.*

S'il se trouve ici de nos collègues des lycées, je suis certain qu'aucun d'eux ne me contredira ; chacun d'eux fait de l'enseignement supérieur,

1. Conférence faite au Musée pédagogique, le 28 janvier 1905, et reproduite dans la *Revue générale des sciences*, le 30 mars 1905.

de l'enseignement *personnel;* chacun d'eux a tiré, tant de l'observation directe de la Nature que des leçons souvent contradictoires de maitres différents, certaines conclusions qu'il juge bonnes et qui sont différentes de celles auxquelles s'est arrêté son voisin. Il n'y a pas d'enseignement officiel des choses de la vie.

Avant donc de se livrer, au sujet des Sciences naturelles, à des discussions d'ordre pédagogique, il convient de se demander s'il n'est pas possible de tirer, de l'ensemble des faits les mieux connus à notre époque, une orientation philosophique définitive, qui constituerait réellement un noyau d'enseignement secondaire. Avant de faire de la *méthode pédagogique*, il faut faire de la *méthode scientifique*, et je transformerais volontiers le titre de cette conférence : « *l'Enseignement des Sciences naturelles comme instrument de culture philosophique* » en celui-ci, qui me paraît équivalent : « *la méthode scientifique en Sciences naturelles* ». Étudier scientifiquement la vie, c'est faire de la philosophie ; c'est faire la seule philosophie qui mérite ce nom ; et si l'on commence par apprendre une philosophie toute faite[1], pour s'occuper ensuite de Sciences naturelles, si l'on commence par définir, sur la foi d'auteurs préférés, tout ce qui est relatif à la vie, pour étudier ensuite la vie, on met la

1. Et, malheureusement, cette philosophie toute faite, on la trouve dans le langage courant.

charrue avant les bœufs, pratique condamnée par la sagesse des nations.

D'autre part, si l'on renonce à toute idée préconçue, il faut se résigner à enseigner des faits d'observation ou d'expérience, faits entre lesquels le lien n'est pas toujours apparent, et dont l'étude fatigue vite la mémoire la mieux organisée. Je crois cependant que, déjà aujourd'hui, sans faire aucune hypothèse, on peut coordonner les matières de l'enseignement par des formules générales très commodes et ayant une haute portée philosophique. Le *transformisme*, en particulier, ne me semble pas avoir pris, dans l'enseignement des Sciences naturelles, la place qu'il mérite. *Il a renouvelé l'esprit humain, il a modifié du tout au tout la forme même des questions que l'on se posait autrefois* au sujet des manifestations de la vie ; il doit se trouver partout, à chaque pas.

Je vais essayer de montrer ici quelles sont, à mon avis, les grandes lignes de ce qu'on peut appeler actuellement le noyau scientifique de l'Histoire naturelle.

I

Tout d'abord, je crois qu'il est nécessaire de mettre les jeunes gens en garde contre les raisonnements *statiques* ; il n'y a pas de statique en Biologie ; seulement, les êtres évoluent tous avec une rapidité du même ordre, et, par conséquent, quand l'un deux en observe un autre, il le voit immobile, inerte. Si je considère un plant de seigle en fleurs, je sais très bien qu'il provient d'une graine, qu'il donnera des graines et qu'il mourra, qu'il change perpétuellement, mais cela n'empêche pas que je l'observe comme quelque chose de mort. Il se courbe au gré du vent, puis se redresse comme un ressort d'acier flexible, et ce qui me frappe pendant que je l'observe, ce sont ces mouvements qui mettent en jeu la propriété *non vitale* de l'élasticité. C'est dans cette lenteur des phénomènes vitaux que réside la plus grande difficulté d'enseignement. On pourrait peut-être y remédier par le procédé du *cinématographe*.

Je suppose que l'on ait cinématographié d'heure en heure, depuis sa germination jusqu'à sa mort, un plant de froment, par exemple ; il sera facile, ensuite, de faire dérouler sous les yeux des élèves, en une minute, toute l'évolution individuelle de ce plant de froment ; et je crois que, si on réalisait cette opération dans les établissements secondaires, l'esprit des élèves serait frappé une fois pour toutes ; ils n'oublieraient plus jamais que le repos d'une plante n'est qu'apparent, et ils ne se demanderaient plus s'il existe dans un être vivant *inerte* un principe créateur de mouvement.

Le spectacle serait encore plus frappant si l'on

pouvait faire dérouler en quelques minutes sous les yeux des élèves l'évolution complète d'un de nos grands arbres à feuilles caduques, avec la succession des bourgeonnements printaniers et des dépouillements automnaux ; on *verrait* pousser les rameaux à l'aisselle des feuilles tombées, etc. On *verrait croître* un arbre, ce qui n'est pas ordinairement donné à l'homme. Et cependant, quoique n'ayant jamais *vu grandir* une plante, nous savons que les plantes grandissent, parce que nous avons le souvenir de leurs formes successives ; de même, en remplaçant les minutes par des siècles, nous savons que les espèces varient sans avoir jamais *vu varier* une espèce, à cause des documents que nous fournit la Paléontologie ; je reviendrai tout à l'heure sur cette question du temps dans l'évolution individuelle ou spécifique.

Une autre conséquence philosophique de cette observation au cinématographe[1] serait d'écarter des raisonnements l'erreur individualiste. Nous savons bien que les individus *changent ;* nous répétons avec Pascal : « Le temps guérit les douleurs et les querelles parce qu'on change, on n'est plus la même personne ». Mais, quoique nous le sachions, nous n'y pensons guère, parce que ces

1. Déjà, en 1897, j'avais proposé cette méthode de démonstration par le cinématographe (cf. *Le déterminisme biologique*) ; j'apprends que M. Pizon l'a réalisée récemment au lycée Janson de Sailly.

changements sont lents. Quand nous retrouvons vieillard un être que nous avons connu enfant, nous constatons surtout les variations dont il a été l'objet; au contraire, si nous vivons quarante ans avec un ami, sans le quitter jamais, nous ne le voyons pas changer ; nous lui conservons le même nom, et il nous paraît être *le même mécanisme*, ce qui nous pousse naturellement à croire qu'il est doué de liberté absolue, puisque, *étant identique* à lui-même, il agit différemment dans des circonstances identiques.

Indépendamment même de son importance philosophique, l'erreur individualiste a eu des conséquences pratiques regrettables. Elle a, par exemple, empêché de prévoir l'immunité qui suit certaines maladies infectieuses; elle a fait considérer comme fantastique le résultat des découvertes de Jenner et de Pasteur. Un malade guérit; on dit qu'il *redevient* bien portant, et l'on entend par là qu'il redevient le mécanisme qu'il était avant d'avoir été malade. *Cela n'est pas vrai;* il est devenu un autre mécanisme, qui *ressemble* à l'ancien par certains côtés, mais qui en *diffère* par certains autres ; il s'est adapté, habitué à la maladie dont il vient de triompher.

Voici un mouton atteint du charbon; deux ennemis sont en présence, le mouton et les bactéridies qui sont à son intérieur, dans ce cas spécial, la lutte doit se terminer par la disparition totale de l'un des deux partis. Si c'est le mouton qui l'emporte, il sort aguerri de la bataille ; il est réfractaire à une nouvelle infection ; si le mouton meurt, les bactéridies victorieuses sont préparées à une nouvelle victoire ; on dit que leur virulence pour les moutons est augmentée.

Voilà des faits de Pathologie qui sont à la fois très remarquables au point de vue pratique et très instructifs au point de vue philosophique ; de plus, il est très facile de les raconter dans le langage courant. Pourquoi donc ne pas les introduire dans l'enseignement secondaire, puisque l'on apprend aux jeunes gens des faits de Physiologie qui sont à la fois plus compliqués, moins féconds, et souvent moins certains ?

L'étude de ces phénomènes donnerait, en outre, un moyen très simple d'initier les élèves au langage si précieux de Darwin et de Lamarck. J'inocule à un mouton un mélange de bactéridies différentes ; les unes sont virulentes pour le mouton, les autres non. Par définition même de la virulence, les premières prospéreront, les autres disparaitront ; il y aura *tri*, *sélection*, comme dit Darwin ; étant donné un certain nombre d'individus différents que l'on place dans des conditions particulières, on constate *après coup* que quelques-uns se conservent et que les autres disparaissent ; il y a eu destruction de ceux qui ont disparu et conservation de ceux qui se sont conservés ; voilà la vérité de

La Palisse, à laquelle se réduit la *sélection naturelle*, dans laquelle tant de gens ont voulu, après Flourens, voir une providence déguisée.

Spencer a employé une expression analogue ; il y a, dit-il, *persistance du plus apte*, c'est-à-dire conservation de celui qui se conserve aux dépens de ceux qui disparaissent ; mais l'on ne connait le plus apte qu'après coup.

J'ai longuement développé ailleurs[1] des exemples tirés de la Pathologie, et particulièrement commodes pour montrer la fécondité extrême d'un langage qui, ne faisant aucune hypothèse, se réduit à une constatation de résultats. Ce langage ne permet naturellement de rien prévoir, mais il donne l'illusion de la prévision quand on l'applique à la narration actuelle de faits historiques passés, à l'histoire de l'origine des espèces aujourd'hui vivantes.

Le même mouton nous apprendra le langage de Lamarck ; je l'ai, en effet, déjà employé tout à l'heure, quand j'ai dit que le mouton guéri s'est *habitué* à la maladie dont il a triomphé ; que, dans le cas de la mort de l'animal, ce sont, au contraire, les bactéridies qui se sont *habituées* à tuer des moutons. Mais, me direz-vous, il était inutile de faire intervenir Lamarck pour construire des phrases qui sont, tout simplement, du langage

1. Voy. *Traité de biologie* (F. Alcan), § 59.

courant. C'est, en effet, à une constatation banale que Lamarck s'est adressé ; il a emprunté à la sagesse des nations cet aphorisme : « les habitudes forment une seconde nature », et, s'il en a tiré un si grand profit dans l'explication de la formation des espèces, c'est que cet aphorisme résume précisément l'observation la plus générale qui puisse se faire sur les êtres vivants.

Étant donnée la variabilité incessante des conditions réalisées autour d'un être vivant quelconque, variabilité qui provient de ce que le jour succède à la nuit, le chaud au froid, etc., on peut dire sans exagération que *vivre*, c'est *s'habituer* sans cesse à quelque chose de nouveau. Quand les conditions sont par trop nouvelles, il arrive souvent que l'individu meurt ; alors, il n'intéresse plus le biologiste ; s'il ne meurt pas, c'est qu'il s'habitue ; il n'y a pas d'autre alternative. Tout individu qui vit aujourd'hui n'a cessé de *s'habituer* depuis le jour de sa naissance ; s'il a été atteint d'une maladie et s'il s'en est guéri, il s'est habitué à cette maladie. etc.

Or, qu'est-ce que s'habituer ? C'est sûrement *changer*. Un individu habitué à un facteur d'action est *différent* de ce qu'il était avant de s'y être habitué. Et, par conséquent, ici encore, le langage individualiste se trouve pris en défaut. Ce langage ne tient compte que des similitudes (elles sont, en effet, plus apparentes) ; il néglige les différences résultant des habitudes ; il n'est pas précis ; il n'est pas exact. Je conserve le même nom à un homme avant et après une maladie ; il ressemble beaucoup, cela est certain, à ce qu'il était d'abord ; mais il en diffère aussi, cela est non moins certain ; si donc j'en parle comme d'un mécanisme qui n'a pas changé, mon langage manque de précision. Dans le langage courant, dire qu'un être *s'est habitué*, cela veut dire que, tout en restant semblable à lui-même, il est devenu différent. Il y a là une contradiction qu'il faut mettre en évidence avec le plus grand soin, au lieu de la cacher comme on le fait quelquefois. Je crois même que la principale question de méthode dans l'enseignement de la Biologie peut se formuler comme il suit : *Dans chaque cas, il faut insister successivement sur les similitudes et les différences*. Malgré la banalité apparente de cette règle, il est facile de voir qu'elle est extrêmement importante ; quelques exemples vont nous le prouver.

II

Quand on observe des êtres quelconques, on est plus immédiatement frappé de leurs différences que de leurs analogies ; un chien, un crapaud, un ver de terre et un poirier ne se ressemblent guère, et pourtant nous disons qu'ils sont tous vivants ; la recherche du caractère commun à tant d'objets dissemblables est le point le plus important de la biologie générale; c'est le problème de la définition de la vie.

Voici, au contraire, des êtres qui se ressemblent énormément, des moineaux si vous voulez; ils se ressemblent tellement qu'au premier abord on les croit identiques. Ils ne le sont pas, en réalité. Si l'on recueille cent mille feuilles de chêne dans une forêt, il n'arrive jamais que deux d'entre elles soient rigoureusement égales. Et, cependant, nous voyons bien que nous devons leur appliquer la même dénomination de feuilles de chêne. C'est la question si délicate de la définition de l'espèce.

Un même homme, à deux moments distincts de sa vie, se ressemble à lui-même, cela est certain: mais nous avons vu tout à l'heure le danger qui résulte d'une croyance hâtive à une invariabilité qui n'est qu'apparente; le problème de l'évolution individuelle consiste dans l'étude de différences acquises, mais qui respectent certaines similitudes....

Dans la fabrication même de l'être vivant, que d'éléments en apparence dissemblables! des nerfs, des os, du sang, des muscles! Et, cependant, il y a quelque chose de commun à tous ces éléments; ils portent l'estampille de l'individu auquel ils appartiennent. De même, un jeu de cartes est formé de cartes toutes différentes si on les regarde du côté significatif, toutes semblables si on les regarde du côté du dos. Similitudes et différences, tout est là; quelquefois c'est la similitude qui est plus frappante, quelquefois c'est la différence; il faut étudier les deux.

Si cette nécessité est capitale quelque part, c'est surtout dans la question de la multiplication des êtres; c'est dans la reproduction des individus que, suivant le point de vue auquel on se place, on est frappé successivement par les similitudes et les différences. Tout animal *ressemble* à ses parents, cela est évident; mais il est non moins évident que tout animal *diffère* de ses parents. Et, par conséquent, si l'on donnait aux affirmations biologiques la même précision qu'à celle des sciences dites exactes, il y aurait contradiction entre la notion d'*hérédité* et la notion de *variation*. Malheureusement, on se contente ordinairement, en Histoire naturelle, d'une approximation très vague; je n'en veux pour exemple que la définition de l'*espèce* dans des traités dont les auteurs sont cependant transformistes convaincus. On y apprend aux élèves que l'espèce est héréditaire, que les enfants sont de la même espèce que les parents, d'où la conséquence évidente que l'espèce ne varie pas. On leur enseigne ensuite la théorie transformiste, qui veut que les espèces actuelles descendent d'espèces antérieures et différentes, alors que, par suite de la première affirmation, le fils est de l'espèce de son père, qui est de l'espèce de son grand-père, et ainsi de suite, jusqu'à l'ancêtre le plus éloigné. La contradiction est flagrante, et il ne faut pas s'étonner ensuite que beaucoup de gens aient de la difficulté à croire à la transformation des espèces. Cela est, d'ailleurs infiniment regrettable, car la théorie transformiste devrait aujourd'hui régner sans conteste sur toute la science. Son adoption par tous les savants dignes de ce nom est le plus grand événement de cet admirable dix-neuvième siècle, pourtant si fertile en merveilles. Je reviendrai tout à l'heure sur cette question de l'importance philosophique du transformisme : je veux montrer d'abord qu'on peut l'enseigner sans difficulté en montrant que l'hérédité est une *loi approchée*.

III

Nous connaissons bien des lois approchées, en physique par exemple ; nous en connaissons assez pour comprendre la signification *exacte* de cette expression qui paraît si peu précise, le mot *loi* et le mot *approché* semblant contradictoires. Voici d'abord un cas dans lequel une loi approchée peut être le résultat de la superposition d'une loi exacte une autre loi exactement exacte. Je considère un corps qui tombe : la mécanique élémentaire m'a appris la formule algébrique de la chute des corps dans le vide; or, si je veux me servir de cette formule pour mesurer la profondeur d'un puits, je trouve un résultat qui n'est pas juste; heureusement, la physique m'apprend, d'autre part, la résistance de l'air au mouvement des projectiles, et me permet de calculer le ralentissement qui en résulte dans des conditions données. Je corrige donc ma première formule par une seconde, et j'obtiens ainsi une représentation beaucoup plus satisfaisante de la chute d'une pierre dans un puits. Pour arriver à ce résultat, j'ai artificiellement décomposé un phénomène *parfaitement unique*, la chute de la pierre dans le puits, en deux phénomènes imaginaires qu'il m'est plus facile d'étudier séparément; j'ai employé un procédé que son résultat démontre légitime, et je suis, par conséquent, fondé à essayer d'appliquer le même procédé d'analyse dans d'autres cas.

Si j'essaie d'employer la même règle pour la loi de Mariotte, je m'aperçois rapidement que, dans l'état actuel de la science, je ne connais pas *la* ou *les* formules accessoires qu'il faut lui ajouter dans chaque cas pour la rendre correcte; je suis obligé de m'en tenir à des formules empiriques qui, utiles dans la pratique, ne satisfont pas l'esprit; mais je puis néanmoins, malgré mon ignorance actuelle, essayer d'appliquer à la loi de Mariotte le langage auquel je suis arrivé pour la chute des corps dans l'air; je puis dire d'une manière générale, quand il s'agit d'une *loi approchée* : des expériences répétées au sujet de tel phénomène naturel m'ont prouvé qu'il suit *à peu près* la loi énoncée dans telle formule ; même si je ne connais pas, à l'état isolé, un phénomène qui suive exactement cette loi, je puis énoncer sans danger la loi approchée que j'ai découverte en supposant que le phénomène naturel correspondant est la superposition de deux ou plusieurs phénomènes différents, dont l'un serait représenté rigoureusement par la loi découverte et dont *le* ou *les* autres ne me sont pas analytiquement connus. Ce langage ne fait courir aucun risque ; il permet un langage à la fois rigoureux et clair ! j'ai proposé de l'appliquer en biologie au cas de la loi approchée qu'est l'hérédité.

Prenons l'hérédité dans son cas le plus simple, dans le cas où, sans aucune complication de forme, elle se réduit à une fabrication de substances chimiques *identiques* (?) à la substance vivante active que l'on étudie ; dans ce cas, on remplace ordinairement le mot *hérédité* par le mot *assimilation* qui veut dire : fabrication de substance semblable. C'est là la propriété vitale par excellence, c'est la seule qui permette de caractériser la vie ; mais il faut immédiatement remarquer que, *dans la Nature*, la loi d'assimilation n'est qu'approchée, sans quoi la variation serait impossible. Et nous arrivons ainsi à définir la vie par une manifestation qui, ordinairement, n'est pas plus rigoureuse que la loi de Mariotte pour le gaz. Cette manifestation de l'activité des substances vivantes est cependant de première importance, puisqu'elle permet *seule* de définir la vie; il faut donc l'introduire dans le langage, par le procédé ordinaire des lois approchées.

La chose est d'autant plus facile que, pour certaines espèces au moins, Pasteur et ses élèves nous ont appris à séparer artificiellement l'assimilation au sens rigoureux, et la variation qui s'y superpose dans la plupart des exemples naturels. Nous savons cultiver des bactéridies charbonneuses sans variation sensible ; d'autre part, nous savons transformer, *sans assimilation concomitante*, au moyen d'une immersion dans l'eau pure additionnée d'antiseptiques, les bactéridies ou même leurs spores en des variétés de virulence différente. Ceci nous permet, lorsque, dans un bouillon, se produit une multiplication accompagnée de variation, de décomposer le phénomène en deux parties distinctes, comme nous l'avons fait pour la chute d'un corps dans un puits. J'ai proposé de généraliser ce langage et de l'appliquer même aux cas où nous ne savons jamais, expérimentalement, séparer l'assimilation de la variation; pour ne faire aucune hypothèse, j'ai appelé[1] *condition n° 1* l'ensemble des circonstances dans lesquelles une

1. Voy. *Théorie nouvelle de la vie* et *Traité de biologie* (*op. cit.*).

substance d'espèce donnée assimilerait rigoureusement, réunissant sous le nom de *condition n° 2* l'ensemble des circonstances extrêmement diverses qui font varier cette même substance. De sorte que l'histoire tout entière d'un élément qui ne cesse pas de vivre se réduit à une succession ou une superposition de *conditions n° 1* et de *conditions n° 2*. Ce n'est là qu'une manière de s'exprimer, mais c'est une manière de s'exprimer qui permet de raisonner avec la rigueur des sciences exactes; grâce à elle, il est facile de parler à la fois d'hérédité et de transformisme, sans se heurter à des contradictions flagrantes.

IV

On dit souvent qu'il est difficile, sinon impossible, d'enseigner le transformisme dans les cours élémentaires, peut-être à cause de cette contradiction qui se manifeste, lorsqu'on n'y regarde pas d'assez près, entre l'hérédité spécifique et la variation des espèces. Mais je vous ferai remarquer que l'on enseigne déjà, en dehors de l'Histoire naturelle, des choses qui impliquent des contradictions apparentes de même ordre.

En géographie, par exemple, on apprend aux élèves que la terre est ronde comme une boule et on leur parle ensuite de montagnes et de vallées. On emploie précisément, pour mettre en relief l'orographie d'un pays, un procédé qui peut nous servir de modèle pour l'exposé de la transformation des espèces. On réduit, par exemple, les kilomètres en centimètres pour représenter les hauteurs verticales, tandis que, pour les distances horizontales, on réduit les kilomètres en dixièmes, en centièmes ou en millièmes de millimètre, ce qui revient à exagérer le relief dans la proportion de cent, mille ou dix mille. Et ainsi des pentes qui, sur le papier, ne seraient pas sensibles à l'œil, deviennent prodigieusement rapides.

Ce procédé d'exagération des reliefs en géographie, par la réduction des distances horizontales, est absolument comparable à celui que j'indiquais tout à l'heure en proposant de réduire à une minute, par le moyen du cinématographe, la durée de l'évolution d'un plant de blé depuis sa germination jusqu'à sa mort.

Pour la transformation des espèces à travers les époques géologiques, il ne peut plus être question de cinématographe; mais on peut imaginer une représentation géométrique de l'état d'une espèce à chaque moment de son évolution, et alors, suivant la manière dont on représentera les unités de temps, on mettra en évidence soit l'hérédité, soit la variation. Je suppose, par exemple, que l'on puisse faire tenir dans les coordonnées d'un point rapporté à trois axes rectangulaires la définition d'une espèce à un moment de son évolution;

un point de l'espace représentera l'état d'une espèce à une certaine époque. La succession des points en fonction du temps représentera l'évolution de l'espèce dans le temps. Eh bien! si l'on prend comme unité de mesure du temps, sur l'axe des temps, une grandeur considérable, l'évolution de l'espèce sera représentée par une ligne droite parallèle à l'axe des temps; on en conclura l'hérédité absolue, sans variation; on croira voir la condition n° 1. Si, au contraire, on choisit une grandeur très petite pour représenter l'unité de temps, si l'on représente cent siècles, par un millimètre, l'évolution de l'espèce sera représentée par une courbe très notablement sinueuse; la variation sera mise en évidence au détriment de l'hérédité spécifique; la courbe sera la démonstration du transformisme.

Je sais bien qu'il est impossible de songer à faire tenir dans deux nombres la définition totale de l'état d'une espèce à un moment donné; ce que je viens de dire n'a donc pas d'application pratique, et ne peut être considéré que comme un procédé verbal, destiné à montrer le rôle du choix de l'unité de temps dans l'établissement du transformisme. D'ailleurs, à défaut de cinématographe nous montrant en quelques minutes la variation séculaire d'une espèce, nous pouvons réaliser quelque chose d'analogue en supprimant un grand nombre de générations intermédiaires; voici ce que je veux dire : si nous avions les pattes droites de devant de deux cents générations successives de chevaux et si nous en faisions une série, nous pourrions observer cette série sans nous douter de l'existence d'une évolution de l'espèce cheval. Si, au contraire, comme cela est réalisé dans les galeries de paléontologie, nous juxtaposons une patte de cheval actuel et des pattes de chevaux fossiles ayant un nombre croissant de doigts, nous *voyons*, aussi bien qu'avec un cinématographe, la variation qui a conduit à la forme actuelle. L'important est que, chez les élèves, la conviction du transformisme soit définitivement établie et qu'ils puissent répondre, quand on leur demande s'ils ont vu varier une espèce : « Non, je n'ai pas vu varier une espèce, mais je n'ai pas non plus vu grandir un arbre, et cependant je sais que les arbres grandissent parce que j'ai observé plusieurs de leurs formes successives ».

V

Le Transformisme n'occupe pas dans l'enseignement actuel la place qu'il mérite : il devrait dominer tout l'enseignement scientifique, car il a modifié l'opinion que l'homme s'était formée au sujet de sa propre nature ; pour un transformiste convaincu, la plupart des questions philosophiques

13

qui se posent naturellement à l'esprit humain changent de sens; quelques-unes n'ont plus de sens du tout.

Avant d'essayer de montrer le bien-fondé de cette assertion, il n'est pas inutile de dire pourquoi, à notre époque, si peu de gens méritent, dans son acception entière, la dénomination de transformistes, pourquoi, en d'autres termes, si peu de savants vont jusqu'au bout du transformisme, acceptent les conséquences entières de la théorie nouvelle. Et il ne sera pas sans intérêt de montrer que Darwin, le fondateur ou au moins le restaurateur et le vulgarisateur du transformisme, a adopté, l'un des premiers, la méthode défectueuse qui devait empêcher cette doctrine de donner tous ses fruits.

Je commençais cette causerie en mettant avant toute autre préoccupation celle d'écarter de l'esprit des élèves toute idée de l'existence d'entités statiques en biologie. Malheureusement, les hommes en général n'observent pas la vie au cinématographe et voient à chaque instant les êtres vivants comme s'ils étaient morts. Aussi ont-ils peuplé l'Histoire naturelle de ces entités déplorables que l'on appelle les *caractères* des animaux et des végétaux, les caractères étant les éléments dans lesquels on peut décomposer la description *actuelle* d'un individu. Avec le cinématographe, on montre que ces caractères ne sont que des apparences successives comparables aux vagues de la mer; mais, dans le langage courant, ils deviennent des éléments constitutifs comparables aux pierres d'une maison! Un homme est formé avec des entités qui s'appellent : nez, bouche, œil, pied, poils, logique, intelligence, conscience morale, sentiment religieux, etc., comme un palais est formé de marbre, de planches, d'ardoises, de fenêtres, etc... Darwin et, après lui, Weismann ont donné à ces entités statiques une existence définitive en supposant que chacune d'elles[1] est *représentée* par une particule infiniment petite qui est capable de la reproduire. Ces particules hypothétiques et invisibles, que Darwin appelait gemmules, avaient pour but de donner des faits d'hérédité une *explication* analogue à celle que fournit la théorie atomique aux phénomènes de la Chimie. Après avoir donné une vie nouvelle à la théorie transformiste qui, comme nous le verrons tout à l'heure, devait changer le sens du mot *explication* et débarrasser l'esprit humain des soucis métaphysiques, le grand évolutionniste anglais a été victime de la nature humaine qui était en lui et, cherchant à fournir une *explication* de l'hérédité, il a failli renverser le merveilleux édifice qu'il avait lui-même construit; heureusement, l'absurdité des particules représentatives était évidente! Ceux qui ont adopté

1. Ou au moins des entités de même ordre.

ce système, dont les esprits peu philosophiques tirent tant de satisfactions verbables, doivent, par là même, changer du tout au tout leur conception du transformisme. Du moment qu'il y a dans les êtres des *entités* constitutives représentées par des particules, ces entités ont existé de tous temps (comme Weissmann le dit expressément dans sa théorie des *plasmas ancestraux*), et, par conséquent, l'évolution des espèces ne nous apprend pas la genèse du nez, de la bouche, de la logique, de la conscience morale, etc.; il y a eu en tout temps des nez, des bouches, des logiques, des consciences morales, etc., et l'évolution des espèces n'a consisté que dans le remaniement des groupements fortuits de ces diverses entités. Avec cette manière de voir, le transformisme est une théorie insignifiante; il n'y a pas eu, dans l'évolution des espèces, apparition, acquisition de caractères *transitoires* (et Weismann a nié, en effet, l'hérédité des caractères acquis; il aurait dû nier également l'acquisition même de ces caractères), mais groupements variables de caractères *éternels*. La création immédiate de toutes les espèces est aussi satisfaisante; le système des particules représentatives enlève toute portée philosophique à la théorie transformiste.

Et cependant, à cause des satisfactions verbales qu'il donne, il a eu un grand succès; il en a encore. Un de mes amis, professeur dans une Université de province, m'écrivait dernièrement à peu près ceci : « Vous avez raison, et je trouve avec vous que le système de Weismann n'a pas le sens commun ; mais il est si commode au point de vue pédagogique que je l'emploie dans mes cours, quitte à faire remarquer ensuite aux élèves combien il est peu philosophique ». Il est inutile d'insister sur ce que cette méthode a de défectueux, mais il faut constater que le langage weismannien est employé aujourd'hui dans presque tous les travaux de biologie ; et, lorsqu'on aura laissé prendre aux jeunes l'habitude de ce langage, ils ne pourront plus s'en passer et ne seront plus capables de se débarrasser du système qui y correspond. Je ne voudrais pas comparer à la féconde théorie des atomes en chimie le prodigieux échafaudage que Weissmann a construit sur des bases illégitimes ; mais supposez pour un instant que, chose tout à fait invraisemblable, on découvre aujourd'hui des faits qui obligent de rejeter la théorie atomique, quel ne serait pas le désarroi de la plupart des chimistes ? Ils ne sauraient plus parler ? Puisque nous savons que le système des particules représentatives est mauvais, ne laissons pas prendre aux élèves l'habitude du langage correspondant ; évitons-leur immédiatement l'ennui inévitable auquel ils seront acculés quand ils devront renoncer à une manière de s'exprimer devenue très familière.

VI

Renonçant aux entités statiques que l'on a voulu trouver dans les êtres vivants et représenter par des particules, acceptons donc dans son entier la théorie transformiste, et n'oublions jamais que, même lorsque la lenteur de leur évolution nous les fait apparaître comme des choses mortes, les prétendus *caractères* des animaux ne sont que des aspects successifs comparables aux vagues de la mer. Les conséquences philosophiques de cette méthode d'enseignement seront immédiates. Non seulement les élèves ne se demanderont plus s'il y a dans l'être vivant *inerte* un principe créateur de mouvement, puisqu'ils sauront que ce qu'on appelle être vivant est une succession de manifestations ininterrompues d'une *activité* incessante ; ils en retireront encore le grand avantage de ne pas tomber dans l'erreur individualiste, et de ne pas se laisser prendre aux raisonnements fallacieux qui, pour douer l'être de *liberté absolue*, le considèrent comme identique à lui-même à deux moments différents de son existence, ce qui est impossible ! Ils comprendront, d'ailleurs, immédiatement que toutes les notions absolues de l'ancienne métaphysique ne peuvent correspondre à rien de significatif pour l'homme, résultat du frottement et de l'adaptation au milieu extérieur d'une série continue des générations ; ils ne considéreront plus l'esprit humain comme une entité de l'ordre de celles que représentent les particules de Darwin et de Weismann, mais ils comprendront que la logique humaine est le résumé héréditaire de l'expérience ancestrale ; ils sauront, en même temps, quelles sont les bornes de cette logique et comment la sélection naturelle nous assure qu'elle est d'un bon usage pour les hommes qui en sont doués. Et, puisque la connaissance que nous avons du monde résulte des actions réciproques des agents naturels et de notre propre individu, cette connaissance *est à l'échelle humaine :* nous n'avons plus à nous demander quelle est l'*essence* des phénomènes extérieurs, car cela voudrait dire : « connaissance de ces phénomènes par un être qui n'aurait pas sa place, son échelle, au milieu d'eux » ; nous ne savons plus ce que c'est que *connaître*, s'il ne s'agit pas d'un être vivant qui *connaît*, et qui connaît forcément le monde à son échelle ; il n'y a plus d'absolu...

J'ai développé ces considérations dans un livre récent[1] et je me contente de les signaler ici. Je voudrais seulement montrer, en terminant, que la théorie transformiste, en nous permettant de faire la narration historique de la genèse des phénomènes actuels, a donné au mot « pourquoi ? » une signification nouvelle. Et cela n'est pas sans intérêt si

1. *Les Lois naturelles*. Alcan, 1904.

l'on remarque que, bien souvent, la forme seule d'une question appelle une réponse comprise dans l'énoncé même de la question ; quand on dit par exemple : « *Qui* a créé le monde? » cela ne laisse de choix que relativement à l'être qui l'a créé ; mais il faut qu'un être l'ait créé !

Vous vous souvenez peut-être que, quand vous étiez enfant, on vous posait la question insidieuse suivante : « Pourquoi les meuniers ont-ils des chapeaux blancs? » J'y ai été pris comme tout le monde, et après que j'eusse offert l'explication physiologique ou chimique : « parce qu'il y a de la farine sur leurs chapeaux », ou l'explication historique : « parce qu'ils sortent du moulin où il y a de la farine », on m'a répondu tout simplement par l'explication finaliste : « pour se couvrir la tête »; et j'ai conservé, depuis, une salutaire défiance relativement aux acceptions multiples du mot *pourquoi* et du mot *explication*. Eh bien, la théorie transformiste nous permet de substituer, aux explications physiologiques des faits actuels, une narration historique que l'admirable langue de Lamarck et de Darwin rend possible dans tous les cas[1].

Voilà pourquoi le transformisme doit être considéré comme ayant renouvelé l'esprit humain ; voilà pourquoi, si on l'enseigne intégralement,

1. C'est ce que j'ai essayé de faire dans un livre de la Bibliothèque de philosophie scientifique : *Les Influences ancestrales*

avec toutes ses conséquences, il ruinera toute l'ancienne philosophie et en créera une nouvelle ; et c'est justement ce qui fait qu'il n'a pas encore dans l'enseignement la place qu'il mérite; c'est que, comme l'a fait remarquer Huxley, le transformisme oblige les hommes à reviser toutes leurs convictions, et les hommes n'aiment pas ça !

TROISIÈME PARTIE

L'ATHEISME SCIENTIFIQUE OU MONISME

Rien ne se passe qui soit connaissable
à un homme, sans que se modifie quelque
chose qui est susceptible de mesure

TROISIÈME PARTIE

L'ATHÉISME SCIENTIFIQUE OU MONISME

CHAPITRE VII

Défense du monisme[1].

§ 29. — LOGIQUE PURE ET LOGIQUE DE SENTIMENT

Au moment où je commençais la rédaction de ce livre, le hasard m'a mis sous les yeux les lignes suivantes, extraites du testament philosophique d'un universitaire mort récemment[2] :

« Dans l'ordre religieux, je n'ai jamais été attaché à un dogme ou à une secte ; je n'ai accepté aucun culte constitué ; j'ai été, dans le sens le

1. Ce chapitre a paru dans la *Revue philosophique* (août-septembre 1906).

2. Association des anciens élèves de l'École Normale supérieure. Paris, 1906. Léopold Cerf, p. 99.

plus ordinaire du mot, un libre penseur. Mais, dans l'ordre philosophique, j'ai essayé de m'élever au-dessus des doctrines matérialistes ou positivistes, non certes par dédain ou hostilité, *mais parce que je ne les ai pas trouvées pour moi assez consolantes...* Je m'en suis tenu, en ce qui concerne la vie future et l'immortalité de l'âme, aux formules platoniciennes : c'est une belle chance à courir, c'est une belle espérance à concevoir! »

Presque toutes les objections au monisme ont pour origine, avouée ou non, des considérations analogues à celles qu'exprime le passage souligné de la citation précédente; ce n'est pas ordinairement pour des raisons scientifiques qu'on est opposé à la conception moniste de l'Univers; on fait, comme dit si élégamment le philosophe Ribot, de *la logique de sentiment;* on *veut* être immortel et l'on condamne sans examen les conclusions déconcertantes des chercheurs désintéressés.

« En chacun de nous, dit Pasteur, il y a deux hommes : le savant, celui qui a fait table rase, qui, par l'observation, l'expérimentation et le raisonnement, veut s'élever à la connaissance de la nature; et puis l'homme sensible, l'homme de tradition, de foi ou de doute, l'homme de sentiment, l'homme qui pleure ses enfants qui ne sont plus, qui ne peut, hélas, prouver qu'il les reverra, *mais qui le croit et l'espère, qui ne* VEUT *pas mourir comme meurt un vibrion*, qui se dit que la force qui est en lui se transformera [1]. »

Ces lignes sont de Pasteur, c'est-à-dire de l'homme qui a peut-être le mieux appliqué la méthode scientifique, qui a laissé les plus beaux modèles de recherche expérimentale précise, et qui cependant, lorsqu'il s'agissait de lui ou des siens, *voulait* des théories consolantes et ne se préoccupait pas de leur vraisemblance ; il n'acceptait même pas de discuter ces théories, de peur d'être amené à ne plus y croire. Logique de sentiment ! Rien n'est plus humain, et les plus grands savants sont des hommes.

Peut-être d'autres philosophes font-ils aussi de la logique de sentiment, quand ils croient fermement à l'anéantissement final ; peut-être trouvent-ils, dans cette croyance dont ils ne peuvent démontrer le bien fondé, autant de consolation qu'en a jamais pu tirer Pasteur du dogme de l'immortalité. Chez certains peuples malheureux, l'anéantissement total est promis comme récompense à l'homme vertueux. Et l'on conçoit très bien que les hommes « aux faicts qu'on leur propose, s'amusent plus volontiers à en chercher *l'agrément*[2] qu'à en chercher la vérité » ; nous sommes toujours séduits par le côté utile des choses, même quand nous essayons de nous élever aux

1. Discours à l'Académie de médecine.

2. Montaigne dit : « *la raison* ». (*Essais*, liv. III, chap. xi.)

plus hautes spéculations; je me rappelle à ce propos cette boutade de Nodier : « Y a-t-il des raisons qui puissent dispenser un homme de publier hautement ce qu'il reconnaît pour la vérité? Il y en a une qui les vaut toutes; la vérité est inutile[1] ». Renan affirmait tout l'opposé, parce qu'il *lui plaisait* de l'affirmer, et uniquement pour cela; plusieurs auteurs ont prétendu que la vérité d'un système se mesure à son utilité, d'où il résulterait naturellement que la vérité n'est pas impersonnelle, puisque ce qui est utile à l'un est nuisible à l'autre, en raison de la lutte pour l'existence.

Il faut cependant admettre qu'il y a des vérités impersonnelles; cela est vrai de tout ce qui est susceptible d'une expression mathématique, et c'est pour cela que la mathématique est la langue de la Science. En dehors de ces vérités qui constituent la Vérité (avec une majuscule), il n'y a que des préférences sentimentales qui se résument dans la vieille formule : « on croit aisément ce que l'on désirerait qui fût ». Et de cette Vérité, avec un grand V, un pessimiste contemporain a dit : « ce qu'il y a de terrible quand on cherche la Vérité, c'est qu'on la trouve[2] »; d'où il faut conclure, une fois de plus, que, même quand il

1. CH. NODIER; dernières lignes de *Jean-François les Bas bleus*.

2. R. DE GOURMONT. J'ai copié ces lignes dans une Revue

croit faire un raisonnement scientifique, l'homme ne peut jamais s'empêcher de faire de la logique de sentiment.

A côté de cet utilitarisme avoué ou latent, il faut signaler aussi l'attachement des hommes aux idées qui leur sont familières; cette *force de l'habitude* ne doit d'ailleurs pas être trop nettement séparée du côté utilitaire des systèmes, car il est sûrement plus *commode* à un homme d'employer un vieil outil dont il se sert depuis longtemps, que d'apprendre à faire usage d'un instrument neuf, même plus perfectionné; du moins y a-t-il là un moment d'apprentissage assez pénible, et la paresse explique bien des choses.

C'est pour cela que la tradition lutte si aisément contre les tendances innovatrices; c'est pour cela qu'il est si difficile à l'homme de science de se conformer à la règle de Descartes: « Ne cherchez pas ce que l'on a écrit ou pensé avant vous, mais sachez vous en tenir à ce que vous reconnaissez vous-même pour évident ».

§ 30. — RECHERCHE D'UNE FORMULE DU MONISME

Les théories dualistes sont vieilles comme le monde; le monisme est au contraire tout récent.

mort-née, qui parut en 1900, et s'appela, je crois : *Le XXe siècle*; elle m'ont semblé assez remarquables pour que j'aie cru devoir en faire l'épigraphe du présent livre.

et il a été attaqué dès sa naissance pour des raisons qui tiennent à la paresse intellectuelle autant qu'à l'abus de *la logique de sentiment*. Je dis que le *monisme* est récent, quoique ses adversaires le confondent volontiers dans une même réprobation avec le matérialisme des anciens[1]; et, en réalité, le monisme de certains monistes actuels ne se laisse pas aisément séparer du matérialisme, dont il a repris les affirmations métaphysiques, inaccessibles à l'expérience. Avant d'envisager les objections faites au monisme, et pour pouvoir discuter ces objections sur le terrain scientifique, il importe donc de donner du monisme une définition dépourvue de toute métaphysique.

Ce résultat n'est pas obtenu si l'on se borne à opposer le monisme au dualisme exposé dans la vieille formule : « *mens agitat molem* », et à nier purement et simplement l'existence de ce facteur d'action appelé *mens* par Virgile. Pour éviter de s'occuper de l'existence absolue des choses, il faut se garder d'oublier la manière dont nous connaissons ce que nous appelons les *choses*; nous les connaissons par nos organes des sens et grâce à l'hérédité de l'expérience ancestrale, comme j'ai

1. Je me suis souvent intitulé matérialiste, parce que, ignorant des systèmes philosophiques, je ne savais pas à quoi cela m'engageait; j'aime mieux employer le mot « moniste ». Encore faut-il se défier de cette étiquette même, comme je le montrerai plus loin; le seul monisme que je me laisse attribuer est celui que je définis dans ce chapitre.

essayé de le montrer dans un ouvrage récent[1]; nous les connaissons d'une manière impersonnelle quand nous pouvons réduire leur description à des *mesures* faites par des moyens tels que ces moyens dûment appliqués, fournissent *les mêmes* résultats à tous les observateurs. C'est alors seulement que nous avons le droit de parler d'une connaissance *scientifique* des faits; c'est même là, en quelque sorte, la définition de la science.

Il faudra donc que le mot « mesure » entre dans notre définition du monisme. Mais nous nous garderons bien de donner à ce mot mesure le sens étroit de mesure d'étendue ou de vitesse; si séduisant que soit le rêve de la *mécanique universelle*, nous n'avons pas besoin d'en escompter la réalisation pour donner du monisme une définition convenable; le monisme que l'on peut défendre aujourd'hui, sans prêter le flanc aux arguties des métaphysiciens, n'exige pas la réduction à l'unité de tous les phénomènes de la chimie, par exemple; il y aurait cent corps simples irréductibles que cela ne m'empêcherait pas de me déclarer moniste. Beaucoup de phénomènes physiques me font croire que des corps, considérés aujourd'hui comme simples, ne sont pas simples en réalité; mais je n'ai pas besoin de le savoir pour combattre le dualisme.

Une mesure est scientifique dès qu'elle est

1. *Les Lois naturelles*. Paris, Alcan.

impersonnelle et peut être réalisée de la même manière par n'importe quel expérimentateur exercé; elle est bonne du moment qu'elle conduit à un nombre qu'il suffit de lire, soit dans le plateau d'une balance, soit sur l'échelle d'un thermomètre, d'un dynamomètre, d'un ampèremètre, d'un hydrotimètre, etc. La première phase d'une science expérimentale est la découverte d'un moyen de mesure approprié à certains phénomènes ; il y a science, du moment qu'il y a évaluation impersonnelle d'un fait. Ensuite on s'efforce d'établir des relations mathématiques entre des mesures faites, dans des champs différents, par des moyens tout à fait différents; l'idéal du mathématicien est de tout ramener à des formules qui puissent s'exprimer au moyen de longueurs, de masses et de temps, au système C. G. S., qui connait seulement pour unités le centimètre, le gramme et la seconde ; ce résultat a été obtenu dans un nombre de cas assez grand pour qu'on puisse avoir beaucoup de confiance dans l'avenir de la mécanique universelle ; mais, je le répète, le monisme peut être formulé sans qu'on ait à se préoccuper de la possibilité d'une mécanique universelle. On peut conserver le langage qualitatif de la chimie et être moniste. Je ne sais pas si le chlore, le soufre, l'arsenic et le fer sont des états différents de quelque chose d'unique, mais la chimie actuelle, si elle ne sait pas ramener à l'unité de composition ces quatre corps différents, nous permet de les reconnaître partout et toujours; quand nous disons : « quatre grammes de chlore, deux grammes de fer ou quatre centigrammes d'arsenic », cela a une signification précise et impersonnelle. Il en est de même pour toutes les combinaisons de corps simples dont les chimistes ont achevé l'étude; une réaction chimique représente quelque chose de mesurable scientifiquement.

Les diverses équivalences, le langage des potentiels chimiques, inauguré par Gibbs, permettent de prévoir l'établissement d'une mécanique universelle, qui constituera un monisme plus ample et plus beau, plus entièrement satisfaisant pour l'esprit ; mais le monisme actuel, celui qui s'oppose au dualisme, n'a rien à voir avec la réalisation de ce rêve grandiose. Voici une formule qui me paraît satisfaisante et qui ne fait appel à aucune notion métaphysique.

Il ne se passe rien de connaissable à l'homme, sans que se modifie quelque chose qui est susceptible de mesure.

Le dualisme, au contraire, admet l'existence d'entités immuables, qui agissent sans se modifier, et c'est même à ces entités immuables que les dualistes attribuent la direction et la mise en branle de toutes les activités qui se traduisent par des modifications mesurables.

Pour ce qui se passe à l'extérieur de moi, je n'ai pas la prétention de nier l'existence de ces entités immuables ; ce serait faire de la métaphysique; chacun peut avoir à ce sujet l'opinion qui lui plaira. Dire : « cette pierre tombe », ou bien « il y a quelque chose d'immuable qui fait que cette pierre tombe », cela est équivalent. Tout ce que je puis faire, c'est de constater le déplacement de la pierre et d'en mesurer les éléments mesurables. Tout phénomène extérieur à moi est précisément une modification de quelque chose que je puis prétendre mesurer du moment que je puis l'observer. Quand il s'agit de phénomènes qui me sont extérieurs, je déclare donc simplement que les entités immuables des dualistes, si elles existent, ne se manifestent à moi que par des modifications des choses mesurables, ce qui entre dans ma définition du monisme. « Cette pierre est tombée, la foudre a éclaté, Paul a parlé », voilà des phénomènes que je constate, et qui s'accompagnent de modifications mesurables. Je puis mesurer le chemin parcouru par la pierre, je puis mesurer les variations de potentiel qui ont accompagné la foudre, et la longueur de l'étincelle qui a jailli ; je puis enregistrer sur un cylindre de phonographe les paroles prononcées par Paul ou en faire une analyse artificielle au moyen de résonnateurs d'Helmholtz. Pour les divers phénomènes qui me sont extérieurs, j'ai à ma disposition des moyens de mesure inégalement puissants et inégalement précis, suivant que ces phénomènes ressortissent à telle ou telle partie plus ou moins avancée de la Science; et même, pour quelques phénomènes, les moyens de mesure sont encore réellement médiocres, mais le chemin accompli au XIXe siècle permet de prévoir des progrès nouveaux ; c'est en songeant à ces phénomènes, que nous n'évaluons encore que très imparfaitement, que j'ai employé dans ma définition du monisme l'expression « susceptible de mesure », au lieu du mot « mesurable ».

Pour tous ces faits sur lesquels nous renseignent directement nos organes des sens, il n'y a aucune discussion entre les philosophes ; personne n'a songé à nier que la chute d'une pierre, la foudre, la parole humaine, soient accompagnées de modifications mesurables. Il n'en est plus de même quand il s'agit des propositions analogues à celles-ci : « Joseph a mal aux dents ; Louis croit en Dieu ». Dans l'état actuel de la science, il m'est impossible de connaître *directement* les faits énoncés dans ces propositions ; je puis seulement percevoir par mon sens de l'ouïe ou enregistrer sur le phonographe les affirmations correspondantes : « Joseph *dit* qu'il a mal aux dents ; Louis *dit* qu'il croit en Dieu ». Je possède moi aussi un domaine subjectif dans lequel il n'est pas possible à Joseph et à Louis de pénétrer, pas plus que je ne puis pénétrer dans la subjectivité de Joseph ou de Louis. Il y aurait donc là des phénomènes qui ne seraient pas susceptibles d'une analyse impersonnelle, d'une étude scientifique, des phénomènes qui se passeraient « sans que se modifiât quelque chose qui est susceptible de mesure », car, qui dit mesure dit connaissance impersonnelle ou scientifique.

C'est à propos de ces phénomènes que naît la lutte entre les monistes et les dualistes ; on peut même dire que c'est seulement à propos de ces phénomènes, car toutes les autres entités immuables et actives auxquelles peuvent croire les dualistes sont calquées sur le modèle de l'individualité humaine ; lorsque j'ai mal aux dents ou que je pense à l'inutilité des dissertations philosophiques, se modifie-t-il en moi quelque chose qui est susceptible de mesure? Aujourd'hui, avec les moyens d'investigation dont disposent les hommes, aucun homme autre que moi ne peut savoir ce que je souffre ou ce que je pense ; mais du moment que moi, je le sais, c'est bien là une chose qui est connaissable à l'homme, puisque je suis un homme et que je la connais. Si donc je suis moniste au sens que j'ai défini plus haut, je dois croire que mes pensées et mes sentiments ne se produisent pas sans que se modifie quelque chose qui est susceptible de mesure, donc d'étude scientifique ou impersonnelle, et que, par conséquent, mon domaine subjectif n'est pas inviolable, et qu'il sera possible à d'autres qu'à moi d'étudier et de connaître mes pensées par des moyens scientifiques, en mesurant les modifications mesurables qui les accompagnent. C'est là évidemment le point délicat du monisme : affirmer qu'on pourra mesurer un jour des choses qu'on ne sait pas encore mesurer ; mais il est tout naturel que les objections à un système qui veut tout mesurer se présentent à propos des choses *les plus difficiles à mesurer*.

Il faut bien constater, d'ailleurs, que si le monisme est coupable ici d'affirmations prématurées, le dualisme n'est pas en meilleure posture; au contraire, quand il s'agit de la pensée humaine, il est même en si mauvaise position, me semble-t-il, que le monisme s'impose, malgré les difficultés que je viens de signaler.

L'étude approfondie de l'homme et des animaux a montré, en effet, que tout change à chaque instant en chaque point d'un corps vivant. Outre les phénomènes microscopiques de contraction musculaire, de circulation du sang, de locomotion, il y a, même chez les êtres les plus immobiles en apparence, des modifications incessantes d'état colloïde dans les protoplasmas des tissus, et, à un degré encore plus bas de l'échelle des dimensions, des réactions chimiques incessantes, réactions si intimement liées à la vie qu'on a pu dire qu'elles sont la vie elle-même.

§ 31. — DIFFICULTÉ DES MESURES

La science a permis de constater ces transformations perpétuelles, sans avoir encore pu les évaluer, les mesurer avec précision ; on commence par connaître l'existence d'un fait avant de pouvoir le décrire dans le détail ; personne ne niera qu'il se produise à chaque instant, dans le corps d'un homme vivant, une quantité énorme de modifications *mesurables*, *mais difficiles à mesurer*. Beaucoup de phénomènes d'ensemble, qui constituent l'activité extérieure de l'être, la locomotion, l'évolution, depuis la forme enfant jusqu'à la forme vieillard, sont la conséquence, la synthèse de toutes ces modifications élémentaires difficiles à mesurer ; cela, personne ne le nie ; mais les dualistes *affirment* que les pensées et les sentiments sont indépendants de ces modifications élémentaires, et que, par conséquent, un observateur qui aurait su mesurer toutes les variations de toutes les substances réparties en tous les points du corps d'un homme ne saurait pas pour cela ce qu'il a pensé et ce qu'il a senti. Évidemment, c'est là une affirmation gratuite ; quand on songe à l'origine de cette affirmation, quand on comprend qu'elle provient de vieilles croyances datant d'une époque où l'on ignorait tout ce que nous savons aujourd'hui relativement aux modifications *constantes* qui se produisent dans la substance des êtres vivants en tous les points de leur corps, on devrait éprouver, me semble-t-il, une grande défiance vis-à-vis d'elle. Les monistes affirment, sans pouvoir encore le démontrer, que, dans un corps vivant *où tout change constamment*, les phénomènes de conscience sont liés à des changements matériels, *comme le sont* tous les autres phénomènes constatés objectivement; les dualistes affirment, au contraire, que la pensée est indépendante des modifications protoplasmiques ou chimiques, et, par conséquent, ils doivent s'abstenir de comparer *à rien de connu* les phénomènes subjectifs. Mais telle est, pour certains hommes, la force de la tradition que des savants, d'ailleurs parfaitement autorisés par leurs recherches de laboratoire, donnent comme entièrement démontrées, comme vérifiées expérimentalement les affirmations du dualisme.

« Pour être démontrées d'ordre matériel, dit le professeur Armand Gautier[1], ces forces qui donnent naissance à la pensée, à la détermination d'agir, à la sensation du juste et du beau, doivent pouvoir être transformés en forces mécaniques ou en dériver; appliquées à la matière, elles doivent faire naitre de l'énergie transmuable dans les formes mécaniques, calorifiques, chimiques, que

1. A. Gautier : Les manifestations de la vie dérivent-elles des forces matérielles? — *Revue générale des Sciences*, 15 avril 1897

nous connaissons. OR, IL N'EN EST RIEN. Qu'un animal qui consomme durant les vingt-quatre heures une quantité constante d'aliments, *pense ou non, qu'il se détermine à agir ou non* (pourvu qu'il n'agisse pas), qu'il soit amibe, chien ou homme, pour une même quantité d'aliments et d'oxygène consommé, il produira la même quantité de chaleur et de travail ou d'énergie totale équivalente. *Il n'y a* DONC *pas eu, pour créer la pensée ou la détermination d'agir, détournement d'une partie des forces mécaniques ou chimiques, transformation de l'énergie matérielle en énergie de raisonnement, de délibération, de pensée. Ces actes, exclusivement propres aux êtres doués de vie, n'ont pas d'équivalent mécanique* ».

Si M. Armand Gautier, qui est un expérimentateur remarquable, appuyait ses affirmations sur des expériences, la question serait tranchée ; la pensée serait démontrée indépendante des modifications qui se produisent dans les choses mesurables ; ce serait la ruine du monisme. Malheureusement ces expériences n'ont pas été faites ; bien plus, elles ne sont pas faisables ; chacun ne pourrait expérimenter que sur lui-même ; car, si les dualistes ont raison, comment un expérimentateur pourrait-il savoir si un amibe ou un poisson *s'est déterminé à agir et n'a pas agi* ; et s'il expérimente sur lui-même, comment pourra-t-il arriver à ne pas faire un effort intellectuel une fois qu'il sera placé dans son calorimètre? Il faut un effort intellectuel pour ne pas penser.

La question me paraît d'ailleurs mal placée sur le terrain énergétique; on ne pourra, en effet, mesurer dans cette voie que des résultats d'ensemble. Une même quantité d'énergie dépensée pourra correspondre à un travail musculaire considérable et un travail cérébral faible, ou, au contraire, à un travail cérébral important et un travail musculaire presque nul; et l'expérimentateur ne pourra pas discerner ce qui est la part du muscle et ce qui est la part du cerveau. Je crois, au contraire, que les fluctuations de la pensée humaine étant liées à des variations de détail dans l'état du cerveau, à des modifications dans l'état des neurones et dans les rapports de neurone à neurone, c'est seulement une étude de détail, une étude topographique, si j'ose m'exprimer ainsi, qui permettra de suivre, dans les particularités mesurables du cerveau, les phénomènes de la pensée. Je ne me suis donc reporté, une fois de plus, à l'affirmation de M. Armand Gautier, que, pour prouver comme je le disais au commencement de cet article, quel rôle incroyable joue la logique de sentiment dans les questions de monisme et de dualisme. Entraîné par ses préférences personnelles, un expérimentateur habile, un homme de science justement admiré n'hésite pas à donner comme réalisées des expériences qui n'ont pas été faites, qui ne peuvent pas se faire, et à supposer qu'elles ont démontré le bien fondé de son système. On est tellement disposé à prêter aux monistes des affirmations *a priori*, même quand il ne les ont pas émises, qu'ils ont bien le droit de relever chez leurs adversaires des procédés de cet ordre; je crains bien d'être obligé de croire qu'on est ordinairement moniste ou dualiste, par tempérament ou par habitude, bien plus que par réflexion ou raisonnement ; et il faut bien constater que la tendance dualistique est infiniment plus répandue ; aussi me demandé-je, en entreprenant cette défense des idées monistes, si je ne lutte pas contre des moulins à vent.

On a cru, il y a quelque temps, qu'une démonstration directe allait enfin être donnée de l'activité physico-chimique du cerveau qui pense. Enfermé dans la boîte cranienne, imperméable aux rayons lumineux, le cerveau en activité aurait émis, disait-on, des radiations capables de traverser le crâne, des rayons N susceptibles d'être recueillis et étudiés au dehors; c'était une étape dans la voie de l'étude scientifique de l'activité cérébrale; on prévoyait le moyen de lire un jour dans la pensée d'autrui; du moins les monistes étaient-ils convaincus que, si la découverte des savants de Nancy se vérifiait, on pourrait arriver à imaginer un jour un phrénographe qui serait à la pensée ce que le phonographe est à la voix. Malheureusement il faut renoncer à cette séduisante perspective ; de l'avis de la plupart des physiciens, les rayons N ont vécu. Je dis « malheureusement » au point de vue de la solution du débat entre les monistes et les dualistes. mais je ne pense pas que le plus enragé moniste fût enchanté de prévoir qu'on pourrait lire un jour dans son cerveau. Cependant, la faillite des rayons N, si faillite il y a, indique seulement qu'il faut chercher ailleurs, et ne fait pas renoncer au monisme. Il est certainement *très difficile* de mesurer ce qui se passe dans le cerveau d'un homme qui pense, mais, de ce qu'on a échoué par une méthode, il ne s'ensuit pas que cette mesure soit impossible. Il me paraît, en tout cas, encore plus difficile aux dualistes de prouver, comme l'affirme M. Armand Gautier, qu'il ne se produit aucune modification matérielle dans un cerveau qui pense, car nous savons, *à n'en pouvoir douter*, que, là comme dans le reste du corps de l'homme vivant, tout est en voie de transformation constante.

Et c'est précisément, me semble-t-il, ce qui doit faire pencher vers le monisme tout esprit débarrassé d'idées préconçues, car il est certain que le dualisme a pris naissance à une époque où l'ignorance des phénomènes de détail, la croyance au repos absolu, devaient fatalement amener à la conception d'un *quelque chose* qui mettait en mouvement les masses inertes, tandis que le monisme est né des découvertes modernes sur le mouvement universel. On n'a jamais vu un corps *immobile* se mettre en mouvement sous l'action de quelque chose d'immatériel, puisqu'on n'a jamais vu de corps immobile. Même en dehors des substances vivantes, où l'activité chimique est incessante, la découverte du mouvement Brownien, par exemple, empêche de croire au repos des substances mortes; nous n'avons jamais vu commencer un mouvement; nous avons vu seulement des mouvements se transformer et notre erreur est venue de ce que, se transformant, ils pouvaient changer d'échelle; d'invisibles et *moléculaires*, ils pouvaient devenir visibles et *molaires* ; d'où notre illusion d'un commencement absolu de mouvement.

§ 32. — CONTRADICTIONS DES DUALISTES

L'une des plus grandes difficultés que l'on rencontre lorsqu'on veut discuter le dualisme, c'est que les dualistes ne sont pas d'accord les uns avec les autres ; je n'oserais pas affirmer d'ailleurs qu'il y ait plusieurs monistes exactement du même avis, mais le seul monisme que je puisse défendre est celui que j'admets moi-même, et cela me sera d'autant plus facile que de nombreux auteurs m'ont fait l'honneur, en attaquant mes idées, de me considérer comme un champion du monisme actuel.

Je relève, par exemple, une contradiction fondamentale entre l'opinion, citée plus haut, de M. Armand Gautier, et celle d'un dualiste de très haute valeur, M. Duhem.

« Il n'y a donc pas eu, disait tout à l'heure M. A. Gautier, pour créer la pensée ou la détermination d'agir, détournement d'une partie de forces mécaniques ou chimiques, transformation de l'énergie matérielle en énergie de raisonnement, de délibération, de pensée. Ces actes, exclusivement propres aux êtres doués de vie, *n'ont pas d'équivalent mécanique* ».

Voici, d'autre part, ce que dit M. Duhem[1], reprenant, pour la faire sienne, une pensée de Leibniz : « Bien loin d'imiter cette physique qui croyait avoir donné une explication, alors qu'elle avait seulement créé un nom, on devra, à l'imitation de Descartes et de Huygens, pousser l'analyse des effets naturels jusqu'à ce qu'ils soient réduits aux phénomènes les plus simples ; mais, lorsqu'on sera parvenu à ces propriétés premières des corps, qui expliquent toutes les autres, on trouvera qu'elles ne consistent *pas seulement dans l'étendue, c'est-à-dire dans la grandeur, figure et mouvement, mais qu'il faut nécessairement y reconnaître quelque chose qui ait du rapport aux âmes et qu'on appelle communément forme substantielle*, ou

1. P. Duhem. *Revue générale des Sciences,* janvier 1903, pp. 71-72.

force, comme dit Leibniz en maint endroit ».

Ainsi donc, pour M. Duhem qui veut ressusciter la physique de la qualité, les diverses formes de l'activité physique, qui sont unies les unes aux autres par des relations d'équivalence, contiennent quelque chose qui « a du rapport aux âmes », tandis que pour M. A. Gautier, les phénomènes de la pensée, « propres aux êtres doués de vie, n'ont pas d'équivalent mécanique ». Il est d'ailleurs facile de voir que M. Duhem, physicien qui se cantonne dans la physique, est parfaitement moniste au sens que j'ai défini plus haut, et serait amené, s'il allait jusqu'au bout de sa pensée, à admettre que « rien ne se passe qui soit connaissable à l'homme, sans que se modifie quelque chose qui est susceptible de mesure ». Au contraire, M. A. Gautier, biologiste, est franchement dualiste en admettant que les phénomènes de la pensée n'ont pas d'équivalent mécanique et, quoique connaissables à celui qui en est le siège, se produisent par conséquent sans que se modifie quelque chose qui soit susceptible de mesure. Ce sera toujours dans la biologie que nous trouverons le dualisme vrai, et cela est naturel, car il est né de l'observation de la vie; toutes les entités statiques, appelées *forces*, et exploitées dans le domaine de la physique, ne sont que des notions anthropomorphiques transportées hors du domaine de la biologie où elles avaient pris naissance.

J'ai longuement étudié ailleurs[1] ces prétendues entités statiques que l'on appelle forces, et j'ai montré qu'elles sont calquées sur l'activité vitale de l'homme; je n'y reviens donc pas ici, et je me contente de rappeler que ces forces ne se manifestent précisément à nous que par une modification de quelque chose de mesurable. Voici, au reste, comment je terminais dans ce précédent travail l'étude de ce premier point fondamental du dualisme.

« Rechercher s'il y a dualisme dans les phénomènes vitaux, cela revient à savoir si, dans un homme vivant, la pensée se produit sans correspondre à une dépense d'énergie chimique ou autre · les dualistes le prétendent, mais comme ils n'ont jamais vu une âme penser sans être logée dans un corps, et que, d'autre part, le corps, pour rester vivant, doit consommer des aliments, il ne me semble pas que personne soit autorisé à dire que l'homme *pense sans dépenser*. Pour ma part, quand je pense, JE ME FATIGUE, et c'est là un phénomène chimique[2]; je crois donc que la pensée correspond à un phénomène chimique, et qu'il y a équivalence entre de la pensée et du travail. Les dualistes le nient, c'est leur affaire, mais ils n'ont pas le droit de s'appuyer pour cela sur la physique de la qualité; car toutes les « qualités » de la nature phy-

1. *Les Lois naturelles*. Paris, F. Alcan.

2. Qui se manifeste même par une modification des urines.

sique sont reliées entre elles par des lois d'équivalence; on peut transformer de la chaleur en travail, de l'énergie chimique en chaleur ou en électricité. C'est donc un pur sophisme que de s'appuyer sur ces pseudo-qualités scolastiques, connues dans la nature inanimée, pour démontrer l'existence, dans la nature vivante, d'une qualité scolastique vraie, dont la propriété essentielle serait précisément de n'être équivalente à aucune des premières... Je n'ai jamais vu l'homme vivre sans manger ni penser sans vivre, et je crois qu'il est indispensable d'être vivant pour faire de la philosophie[1] ».

§ 33. — MONISME ET DÉTERMINISME

Il peut paraître étrange que cette question du monisme et du dualisme passionne si violemment tous les hommes; mais cela se comprend aisément quand on réfléchit au lien étroit qui unit au monisme précédemment défini le déterminisme vital.

Toute la science humaine est basée sur la constatation, vieille comme la vie, du déterminisme universel; c'est grâce à ce déterminisme, que l'homme peut se proposer de découvrir les *lois* des phénomènes naturels, c'est-à-dire d'établir des formules qui, dans les mêmes conditions, se vérifient toujours dans tous les phénomènes mesurables.

1. *Les Lois naturelles, op. cit.*, pp. 258-259.

La constatation même de ce déterminisme amène la plupart des hommes à imaginer une entité immuable, qui, l'ayant établi, le surveille et le dirige ; c'est toujours la tendance dualistique qui veut que les transformations des choses qui changent soient dirigées par des êtres qui ne changent pas, par des divinités statiques immuables, éternelles. Ce qu'il y a de curieux dans cette manière de voir, c'est que ces entités statiques immuables ont été calquées par nos ancêtres sur le modèle de l'homme qui, lui, *change sans cesse* ; les monistes n'ont pas à s'embarrasser de cette théorie anthropomorphique ; il leur suffit de constater le déterminisme sans vouloir lui assigner une cause aussi mystérieuse que lui-même, et de se dire, ce qui est le terme de toute connaissance scientifique : « Les choses sont comme elles sont et non autrement ».

Le déterminisme, admis par tout le monde dans l'ordre des choses inanimées, ne l'est plus quand il s'agit de la vie ; le déterminisme est établi pour toutes les modifications des choses mesurables, mais les dualistes placent, dans les corps vivants, des activités qui peuvent être connues de leur propriétaire sans que se modifie rien qui soit susceptible de mesure ; pour ces activités là, il est bien évident qu'il ne peut plus être question de déterminisme, puisqu'elles échappent à tout contrôle. Il est bien difficile à un moniste invétéré de parler de ces activités qu'il n'a jamais pu concevoir, sans dire des choses que les dualistes trouveront absurdes ; je m'y résigne donc d'avance, et j'exprime du mieux que je peux la manière dont je comprends la théorie dualiste. L'âme inhérente au corps de l'homme vivant (et quoi que puissent dire quelques dualistes, c'est sur le modèle de l'âme prêtée aux hommes par nos ancêtres qu'ont été imaginées toutes les entités statiques, actives quoique immuables), l'âme est quelque chose d'immuable, mais qui néanmoins a des fantaisies, des passions, etc., et le corps est à sa disposition pour que ses fantaisies non mesurables puissent intervenir dans le monde des choses mesurables. L'âme est au corps ce que le mécanicien est à la locomotive ; le mécanicien ne peut pas *locomotiver* sans locomotive ; de même l'âme ne peut pas *hommer* sans homme ; mais l'âme peut *âmer* sans homme, comme le mécanicien peut *hommer* sans locomotive. Seulement, quand le mécanicien agit en homme sans se servir de la locomotive, il est l'objet de modifications mesurables, tandis que l'âme que nous lui comparons peut avoir toutes sortes de fantaisies sans que se modifie rien qui soit susceptible de mesure, pourvu qu'il ne lui vienne pas à l'idée de faire manœuvrer le corps qu'elle dirige. La comparaison est donc imparfaite et il n'en pourrait être autrement, car il est impossible de comparer à rien d'observable l'âme des dualistes ; dans le cas du mécanicien qui dirige la locomotive, les dualistes voient une âme de mécanicien dirigeant à sa fantaisie un corps de mécanicien et aussi la locomotive à laquelle est attaché le mécanicien.

Cependant, si cette comparaison est imparfaite à un certain point de vue, elle est bonne d'une autre manière, car elle exprime bien congrûment l'indépendance de l'âme et du corps. Le mécanicien homme peut *hommer* sans se préoccuper de sa locomotive et indépendamment d'elle ; il pourrait *hommer* de la même manière s'il était attaché à un métier Jacquard, ou même s'il n'avait aucune machine à sa disposition ; mais du moment qu'il est attaché à une locomotive, il ne peut que *locomotiver* lorsqu'il lui prend idée d'actionner sa machine. De même l'âme attachée au corps d'un homme peut *âmer* en toute liberté tant qu'elle n'a pas fantaisie d'activer le corps qui lui est soumis ; mais, dès que cette fantaisie la prend, elle ne peut qu'*hommer* au moyen d'un corps d'homme, et encore d'un corps d'homme sain ; d'ailleurs le mécanicien non plus ne pourrait locomotiver qu'avec une locomotive en bon état. C'est de toutes les fantaisies que se permet l'âme humaine, quand elle ne se décide pas à hommer, que M. Armand Gautier dit « qu'elles n'ont pas d'équivalent mécanique ». Du moment qu'elle se décide à activer le corps. le corps se comporte comme une machine, à laquelle sont applicables les lois de la physique et de la chimie, et c'est pour cela que nous croyons que tout est déterminé dans l'homme, parce que tout ce qui se passe en lui d'observable pour nous, étranger, est soumis au déterminisme universel.

Voilà, me semble-t-il, la thèse des dualistes. La machine humaine fonctionne suivant les lois de la physique, de la chimie, de la physiologie, mais la *mise en train* de ses divers rouages appartient à l'âme, qui ne fait que ce qu'elle veut. Or, le mécanisme de l'homme est infiniment plus compliqué que celui de la locomotive ; il peut agir de bien plus de façons ; l'âme a beaucoup plus de robinets à ouvrir que le mécanicien, mais c'est toujours elle qui ouvre les robinets. Et, par conséquent, un observateur étranger ne peut jamais prévoir ce que fera un homme ; il peut seulement affirmer que l'homme *hommera*, mais il ne sait pas quel mécanisme fonctionnel l'âme aura fantaisie de choisir au moment où il observe. L'homme est donc déterminé en tant que mécanisme, et ses actes sont toujours des actes d'homme, mais il y a en lui un principe d'action qui, indépendamment de toute variation des choses mesurables, choisit à sa fantaisie les mises en train qu'il lui plaît.

Il ne sera évidemment pas facile de démontrer directement que les mises en train du mécanisme de l'homme ne sont pas indépendantes de toute variation de choses mesurables, car la physiologie nous a appris le rôle du cerveau dans la vie humaine, et nous ne savons pas encore observer directement l'intérieur du cerveau d'un homme vivant. C'est le *phrénographe* qui résoudra la question, et nous n'y serons pas de si tôt. Cependant, sans avoir d'ores et déjà la prétention de lire dans le cerveau des autres, nous pouvons nous rendre compte, par des expériences fort simples, de la non-indépendance des fantaisies de l'âme par rapport à l'état du corps.

Dans notre exemple de tout à l'heure, le mécanicien était parfaitement indépendant de la locomotive qu'il était chargé de mettre en train ; il ne pouvait, il est vrai, que *locomotiver* au moyen de sa locomotive, mais du moment qu'il se contentait d'*hommer* il avait le moyen de le faire en toute liberté, quel que fût d'ailleurs l'état de sa locomotive ; la machine avait-elle une bielle cassée, un cylindre crevé? manquait-elle d'eau? cela n'empêchait pas le mécanicien de fumer une pipe ou de boire un coup. Au contraire, l'observation la plus élémentaire prouve que cette activité de l'âme, laquelle, au dire de M. A. Gautier, *n'a pas d'équivalent mécanique*, est sérieusement impressionnée par les modifications du corps qu'elle dirige. Je ne parle pas, naturellement, des cas où cette activité viendrait à se manifester au moyen de mouvements du corps ; le désordre de ces mouvements, dans le cas de maladies, pourrait être imputé uniquement au mécanisme faussé, et non à la pensée indépendante qui le dirige ; de même un mécanicien bien portant serait incapable de *locomotiver* convenablement au moyen d'une locomotive qui aurait le cylindre crevé ou manquerait d'eau ; je parle seulement de la pensée qui ne se manifeste par aucune activité mesurable, des réflexions sublimes sur l'existence de Dieu ou sur l'instabilité des choses humaines par exemple ; et je prétends qu'un homme qui a bu trop d'absinthe ne pensera pas, à ce sujet, de la même manière qu'il l'eût fait à jeun. C'est, me dira-t-on, que ses organes des sens, troublés par l'ivresse, lui apportent, sur ce qui se passe dans le monde ambiant, des documents inexacts. Je demanderai alors qu'on veuille bien choisir, *s'il y en a*, un ordre de pensées qui soit indépendant des documents apportés par les organes des sens aux centres nerveux.

Si mon partenaire m'en signale, je lui demanderai de vouloir bien se griser et remarquer ensuite par lui-même que ses pensées sont modifiées, même dans cet ordre très particulier de questions.

S'il me déclare au contraire qu'il n'en trouve pas, je constaterai avec satisfaction qu'il est du même avis que moi, et qu'il n'est pas besoin d'expérience pour le convaincre du point fondamental du monisme, savoir, que les pensées de l'homme ne sont pas indépendantes de modifications apportées à des choses qui sont susceptibles de mesure. Il me sera facile alors de lui faire admettre, contrairement à l'affirmation de M. Armand Gautier, que les pensées de l'homme sont liées à des variations dans l'état matériel de son corps, que ces pensées sont, pour employer une expression mauvaise, mais courante, le reflet intérieur des variations de sa substance vivante, ou, en d'autres termes, qu'il y a deux manières de connaître ce qui se passe dans un individu vivant : l'une, objective, et, dans l'état actuel de la science, inapplicable à l'homme parce que les phénomènes mesurables qui se passent dans son cerveau sont trop difficiles à mesurer, l'autre, subjective et très facile à employer, mais accessible seulement à celui qui est à la fois observateur et observé.

Si l'on réussissait à doser exactement, avec leur caractère chimique, leur état physique et leurs particularités topographiques, toutes les variations qui se produisent à un moment donné dans la substance d'un homme, on aurait donc, dans cette série de nombres, *l'équivalent* des pensées que cet homme a eues au même instant, la traduction de ses pensées dans un langage tel, qu'il n'existe pas encore de dictionnaire permettant de passer du langage humain à ce langage scientifique. Mais avant l'invention du phonographe, quel savant aurait su lire sur le cylindre d'un appareil enregistreur les hiéroglyphes constituant l'inscription de la phrase la plus simple? Avant le phonographe on aurait pu soutenir que la voix n'est pas représentée dans le mouvement ondulatoire de l'air; c'eût été difficile à soutenir, mais la preuve directe du contraire n'eût pas été facile non plus. De même, tant qu'on aura pas imaginé le *phrénographe*, on ne pourra pas donner la démonstration directe du lien qui unit la pensée aux variations mesurables du cerveau, mais il sera néanmoins difficile de nier ce lien, ainsi que je l'ai montré tout à l'heure, comme il était difficile, avant le phonographe et après toutes les conquêtes de l'acoustique, de soutenir que le son n'était pas la traduction en langage auditif des mouvements vibratoires que les savants étudiaient et mesuraient dans l'air, par d'autres moyens et dans un autre langage[1].

§ 34. — LE MONISME NIE LA LIBERTÉ ABSOLUE

Les considérations précédentes amènent le moniste à considérer qu'il n'y a pas, dans l'homme vivant, une entité directrice indépendante de son mécanisme corporel, mais que les pensées, la détermination d'agir, sont liées à des modifications de la substance de l'individu; il n'y a pas de mécanicien indépendant de la locomotive humaine la locomotive humaine est, à elle-même, son propre

1. Voy. *Les lois naturelles, op. cit.*, chap. XIX.

mécanicien; c'est l'état particulier d'un certain ensemble de tissus, la série des variations produites dans une partie du corps, qui dirige, met en train ou suspend, suivant les cas, l'activité de tous les organes de l'homme vivant; et cet état particulier, cette série de variations est elle-même la conséquence de réactions physiques et chimiques, qui se produisent entre le corps et le milieu ambiant[1] ou dans l'intérieur du corps, et qui, comme toutes les actions physiques ou chimiques, sont soumises au déterminisme universel. Voilà la conclusion fatale qui s'impose à tout esprit logique, et cette conclusion suffit à écarter du monisme la plupart de ceux qui en entendent parler.

C'est la question de la liberté individuelle.

Pour un dualiste croyant à une entité directrice indépendante du corps, la liberté *absolue* de l'individu ne fait aucun doute! Le corps étant sain, l'entité directrice indépendante peut, quant elle veut, actionner le rouage qui lui plaît, choisir à sa fantaisie, parmi les fonctionnements de l'organisme, celui qu'elle veut mettre en train; elle n'est limitée dans son choix que par la limitation du mécanisme humain lui-même, mécanisme qui, pour être admirablement varié, n'est pas cependant infiniment malléable; en d'autres termes, cette

1. Nous verrons plus loin combien il est important de mettre en évidence que tout ce qui se passe dans le corps dépend de deux facteurs, le corps et le milieu.

entité directrice peut *hommer* comme il lui plaît, mais ne peut qu'*hommer*.

Pour un moniste au contraire, les raisonnements et les déterminations d'agir qui se manifestent dans la mentalité d'un homme, ne sont que le reflet intérieur de mouvements physico-chimiques du cerveau, mouvements qui sont soumis au déterminisme universel; en d'autres termes, quelqu'un qui saurait, au moyen du *phrénoscope*, lire pendant un certain temps tout ce qui se passe dans la substance cérébrale d'un homme, saurait, par là même, tout ce que cet homme aurait *pensé*, *senti*, VOULU, dans cet intervalle; les *volitions* de l'individu seraient donc soumises au déterminisme le plus rigoureux, puisqu'elles ne seraient que le reflet intérieur des mouvements physico-chimiques qui se produisent dans la partie directrice de la machine humaine. Par conséquent, un moniste convaincu, doit considérer comme *impossible* qu'un homme ait *voulu* à un moment donné autre chose que ce qu'il a voulu précisément à ce moment. La volonté de l'homme n'est donc pas libre, au sens absolu que lui attribuent les dualistes.

C'est sur ce point que porte tout le débat.

Il y a deux raisons pour que, présenté de cette façon, le problème ne puisse pas être résolu :

D'abord, et c'est là encore un mystère au sujet duquel les métaphysiciens peuvent se livrer indéfiniment à des méditations sublimes, ce qui est passé est passé : le temps coule, disent les poètes, comme un fleuve qui ne peut remonter à sa source ; et par conséquent, il est impossible de faire une expérience pour savoir si un homme qui a pensé ou voulu une chose à un moment donné, aurait pu vouloir ou penser *autre* chose, à ce même moment. Les dualistes sont convaincus qu'il l'eût pu ; les monistes doivent croire le contraire ; aucune expérience ne peut trancher la question ; ce qui est passé est passé, et nous n'y pouvons rien. Cette affirmation me fait penser à la belle action d'un pauvre curé breton que j'ai connu dans mon enfance ; ce curé avait du génie sans s'en douter ; il avait inventé la psychothérapie et il a fait un miracle. Une pauvre femme très scrupuleuse avait, quelque dix ans auparavant, commis une vilaine action qu'elle continuait à se reprocher, au point que les macérations qu'elle s'imposait menaçaient d'altérer gravement sa santé ; le bon curé ne savait comment consoler sa pénitente ; un beau jour il eut une idée merveilleuse ; la vilaine action que se reprochait la malheureuse n'avait laissé nulle part aucune trace, si ce n'est que dans le cerveau malade de cette exaltée.

« Ma sœur, lui dit-il un jour, vos jeûnes et vos prières ont enfin gagné votre cause près du Tout-Puissant ; il a effacé du livre des jours la page que vous aviez salie ; ce que vous vous êtes tant reproché depuis dix ans *n'a pas eu lieu.* »

Et la bonne femme fut guérie; elle était d'une nature simple, et je ne crois pas qu'un moniste, même facile à convaincre, admette une intervention miraculeuse de cet ordre dans une expérience sur la liberté absolue des volitions.

La seconde raison pour laquelle le débat sur la liberté absolue de la volonté humaine me paraît devoir s'éterniser, c'est que le mot *liberté* lui-même est emprunté à l'observation de l'homme et des animaux; la spontanéité apparente des mouvements des êtres vivants a été, pour les observateurs grossiers qu'étaient nos ancêtres, la première caractéristique de la vie! être libre, c'était être comme un homme ou comme un cheval, par opposition avec une pierre ou un cours d'eau; il n'y a pas d'autre définition possible de la liberté puisque, en dehors des êtres vivants, il n'y a aucun exemple dans la nature, qui puisse faire croire à une faillite du déterminisme. Mais alors, il est évident que si cette notion de liberté est empruntée à l'observation de l'homme, si elle vient de ce que chacun de nous sent en lui-même, rien ne paraîtra plus ridicule que la négation de la liberté de l'homme, *à moins qu'il ne soit prouvé* que l'on a déformé la notion empruntée à l'homme, ou qu'on lui a donné une extension illégitime; c'est précisément ce que prétendent les monistes. Le moniste le plus convaincu ne niera jamais qu'il agisse, à un moment donné, pour des raisons qui sont en lui.

Je viens de recevoir d'Amérique une brochure que je n'ai pas encore eu le temps de lire, et qui est intitulée : *The freedom of the will, a study in materialism*[1]. La dédicace de cet opuscule m'a violemment intéressé; elle commence par ces mots : « A M. X., dont toute la vie est un exemple de volonté libre ». Il faut que le problème de la liberté absolue soit bien mal posé pour que les auteurs songent encore à en chercher une solution dans l'exemple fourni par la vie d'un héros de Plutarque ou de tout autre individu. Chacun sait que les organismes humains diffèrent quantitativement les uns des autres et que le mécanisme appelé volonté est plus ou moins développé chez nos congénères; ce mécanisme, dans lequel se transforment en déterminations d'agir les impulsions venues du dehors, est tout à fait différent chez un impulsif, chez un aboulique ou chez le cardinal de Richelieu; la seule question est de savoir si c'est un mécanisme comparable aux autres mécanismes connus, en ce sens que rien ne s'y passe sans que se modifie quelque chose qui est susceptible de mesure. Les monistes le prétendent; les dualistes le nient, mais l'observation du caractère le plus entier, le plus volontaire, le plus intraitable, ne fera pas faire un pas à la question.

1. By Alexander Petronkevich, Ph. D.

J'avais écrit le principe de l'Inertie en épigraphe d'un petit volume, *Le déterminisme biologique et la personnalité consciente*, ce qui était une manière d'affirmer la tendance monistique de l'ouvrage. La *Revue des questions scientifiques* de Louvain me l'a reproché en ces termes[1] : « Le principe d'inertie reçoit ici, il faut en convenir, une singulière application. Jusqu'ici il n'avait paru applicable qu'au monde inorganique; et, s'il y avait à l'utiliser en matière de physiologie, il semble que la conséquence qui en découlerait logiquement, c'est que les êtres vivants sont mus par quelque chose autre que les agents purement matériels, puisque ceux-ci ne peuvent se mouvoir par eux-mêmes ». C'est bien là, n'est-il pas vrai, l'affirmation de ce que je disais tout à l'heure, que la notion de liberté est empruntée à l'observation des animaux, de même que la notion d'inertie est empruntée à l'observation des pierres, et les monistes prétendent seulement que nos ancêtres ont eu tort d'établir entre ces deux notions d'origine expérimentale une différence essentielle. Le critique de la *Revue de Louvain* ne niera sûrement pas, ce que tous les physiologistes ont établi péremptoirement, c'est que l'animal vivant n'existe pas par lui-même; l'homme lui-même, le plus intéressant de tous, le plus convaincu de sa liberté absolue, n'est, au

1. Numéro du 20 avril 1897, p. 455.

point de vue objectif que le résultat d'une réaction constante entre les agents qui constituent son corps et les agents qui constituent le milieu ambiant; *la vie est le résultat d'une lutte de deux facteurs*[1]; elle ne saurait donc être considérée comme résidant dans un seul de ces facteurs. Montrez-moi un homme qui marche, qui parle, ou qui *homme* d'une manière quelconque, sans atmosphère, sans lumière, sans chaleur, sans nourriture, etc., et j'admettrai que cet homme fait tout cela par *lui-même*; mais s'il lui faut, pour faire tout cela, de la chaleur, par exemple, je vous répondrai que, sous l'influence de la chaleur, l'eau aussi entre *spontanément* en mouvement au point d'actionner une locomotive; elle est néanmoins soumise au principe de l'Inertie.

La véritable définition de la liberté animale me semble résider en ceci que, contre certains agents extérieurs (je dis *certains* agents, car l'homme le plus volontaire serait entraîné fatalement dans un courant d'eau aussi violent que la chute du Niagara), contre certains agents extérieurs, l'animal vivant agit, suivant sa nature, pour des raisons qui sont en lui, et qui, ajouterai-je, sont, dans l'état actuel de la science, connues de lui seul.

Cette définition est valable, que « les raisons qui sont dans l'animal » soient des raisons de

1. Voy. *La Lutte universelle.* Paris, Flammarion, 1906.

mécanisme comme le prétendent les monistes, ou des raisons indépendantes de toute quantité mesurable comme le veulent les dualistes. Et par conséquent si l'on admet cette définition de la liberté, la question du libre arbitre n'a rienà voir avec les théories monistes ou dualistes ; elle entre dans le même cadre que toutes les autres propriétés humaines ; les monistes et les dualistes n'ont pas à se demander si l'homme est libre de cette liberté ainsi définie, mais seulement si l'homme peut ou ne peut pas *être libre*, sans que se modifie quelque chose qui est susceptible de mesure. *Être libre* n'est pas l'expression d'un état statique, mais d'une activité analogue à toutes celles que nous réunissons dans le vocable *hommer* ; seulement la forme de cette expression qui comprend le verbe *être* conduit à des erreurs d'appréciation, et fait penser à une propriété analogue à celle d'être brun ou blond. Il vaudrait mieux ne pas dire « être libre » et remplacer cette manière de parler par « agir librement » ou « hommer librement », c'est-à-dire agir suivant notre nature pour des raisons qui sont en nous ; le mot liberté équivaut alors à celui de santé[1].

Le second point de la définition de la liberté

1. Seulement pour les dualistes, cette *santé* n'est relative qu'au mécanisme qui manifeste extérieurement les volitions de l'individu, tandis que pour les monistes elle concerne en outre le mécanisme où s'élaborent les volitions.

animale doit, au contraire, être envisagé de manières différentes suivant qu'on est moniste ou dualiste ; j'ai dit que l'être agit pour des raisons qui sont en lui « et qui sont, dans l'état actuel de la science, *connues de lui seul* ».

Évidemment, pour les dualistes, ces raisons « n'ayant pas d'équivalent mécanique », ne correspondant à aucune modification de quelque chose de mesurable, ne sauraient en aucune manière être étudiées, connues, par un observateur étranger ; il n'y aurait pas lieu d'ajouter : « dans l'état actuel de la science », à cette partie de la définition.

Au contraire, si, comme les monistes le croient, les raisons qui font agir l'animal sont liées à des modifications d'éléments mesurables, il n'est pas insensé, quelque difficile que nous paraisse aujourd'hui l'étude directe du cerveau humain, d'admettre qu'une découverte imprévue nous permettra un jour cette étude directe, au moyen d'un *phrénographe* ou *phrénoscope*. C'est dans l'appréciation de la possibilité scientifique de la construction de cet appareil peu souhaitable, que l'on peut résumer le plus facilement le différend entre les monistes et les dualistes ; pour les premiers cet appareil est sûrement possible, pour les seconds, il est sûrement impossible.

L'idée du phrénographe hypothétique dont je viens de parler nous conduit à un autre aspect très intéressant de la lutte entre les monistes et les dualistes. Nous devons bien remarquer, en effet, que, même si le phrénographe était inventé, l'observateur qui s'en servirait ne connaitrait pas les états d'âme de l'individu *phrénographié*, pas plus que le physicien qui regarde avec ses yeux la ligne sinueuse du cylindre du phonographe n'*entend* le morceau de musique qui a tracé cette ligne sinueuse ; c'est la réversibilité admirable du phonographe qui prouve directement la relation établie entre l'air de musique et la ligne sinueuse ; tous deux sont en effet des phénomènes mesurables liés à un même mouvement vibratoire de l'air ; mais, l'air de musique, c'est ce mouvement vibratoire *mesuré* directement par l'oreille humaine, tandis que la ligne sinueuse du cylindre c'est ce mouvement vibratoire de l'air, mesuré indirectement par l'œil au moyen du cylindre enregistreur. Un sourd qui posséderait un phonographe pourrait connaître entièrement l'*Iphigénie* de Glück, sans soupçonner une seule de ses beautés ; mais il saurait la reconnaître partout et toujours, constater les imperfections d'une exécution de ce chef-d'œuvre, en la suivant sur un cylindre enregistreur, au moyen de ses yeux. Autrement dit, un sourd qui posséderait un phonographe serait dans la situation où se trouvait un physicien devant un cylindre enregistreur impressionné par un air de musique, avant l'invention du phonographe ; car on a connu le moyen d'enregistrer les vibrations de l'air, avant de songer à un appareil *réversible* permettant de lire ensuite directement, *par les oreilles*, ce qui était inscrit sur le cylindre. Cela n'empêchait pas d'ailleurs que les savants qui faisaient de l'acoustique connussent, jusque dans leurs plus petits détails, tous les éléments mesurables des mouvements vibratoires que les hommes pourvus d'oreilles appellent *sonores*. Il est même probable que, si les hommes avaient été dépourvus d'oreilles, ils auraient étudié tout de même les mouvement sonores, comme ils ont étudié toutes les vibrations de l'éther qui ne sont pas visibles à leurs yeux, les oscillations de Hertz, les rayons ultra-violets, etc.

Toutes ces considérations, un peu longues, n'ont d'autre but que d'arriver à cette définition : le son est un *épiphénomène* des mouvements vibratoires que l'on appelle sonores ; il n'existe pas pour les sourds qui peuvent néanmoins étudier pleinement tous les mouvements sonores *se propageant en dehors d'eux* (je souligne ceci, car évidemment, les phénomènes mesurables peuvent être différents dans l'oreille d'un sourd et dans l'oreille d'un homme normal). Un sourd ayant étudié, par les yeux, les phénomènes sonores, et ayant constaté leur déterminisme rigoureux, sera peut-être étonné si on lui dit que ces phénomènes sonores ont des qualités qu'il ne soupçonne pas, et qui remplissent de joie quelques-uns de ses congénères ; fort de son étude scientifique des mouvements vibratoires, il affirmera, avec raison, que ces qualités, ignorées des sourds, ne jouent aucun rôle dans l'enchaînement des phénomènes acoustiques ; les lois sont les mêmes pour la propagation des ondes de l'air, soit qu'elles soient sonores (c'est-à-dire qu'elles se produisent en présence d'hommes pourvus d'ouïe), soit qu'elles ne le soient pas (c'est-à-dire qu'elles se produisent en présence de sourds). Nous dirons donc que le son est un épiphénomène des mouvements vibratoires de l'air, et nous devons être assez humbles pour penser qu'ils se seraient propagés suivant les mêmes lois, s'il n'y avait eu personne pour les entendre.

Eh ! bien, pour un observateur au *phrénographe* (c'est déjà assez demander à la science que d'arriver à inscrire, sur un appareil, des traces correspondant aux mouvements qui s'accompagnent de pensée dans le cerveau humain ; nous n'irons pas pour le moment jusqu'à supposer que le phrénographe a un fonctionnement réversible comme le phonographe), pour un observateur au phrénographe, dis-je, il n'y aura aucune raison de croire que l'homme observé dans l'appareil est au courant, dans son for intérieur, des mouvements qui ont été enregistrés sur le cylindre ; qu'il y ait, ou qu'il n'y ait pas de *conscience* inhérente aux phénomènes mesurables qui ont été enregistrés sur le phrénographe, l'observateur soucieux seulement d'établir le déterminisme des choses, n'aura pas à s'en préoccuper. *La conscience* de l'individu observé sera donc, pour l'observateur, un épiphénomène lié aux phénomènes mesurables qu'il a enregistrés, comme, tout à l'heure, le *son* était un épiphénomène pour le sourd qui faisait de l'acoustique.

Or, pour les monistes, rien ne se passe dans l'homme sans que se modifie quelque chose qui est susceptible de mesure ; donc, pour un moniste, les épiphénomènes de conscience sont indifférents à l'histoire objective du monde ; cette théorie de la conscience épiphénomène, théorie qui est inséparable du monisme, a été si violemment attaquée et si souvent tournée en ridicule[1], qu'il était nécessaire d'en donner une idée très nette avant d'en entreprendre l'étude.

1. En même temps que les épreuves de ce chapitre, je reçois précisément une lettre anonyme, portant le timbre de la Charente-Inférieure, et dans laquelle un correspondant inconnu me reproche d'adhérer à cette théorie : « Le moniste épiphénoméniste est un moniste qui n'a pas appris à penser... monistiquement », dit mon mystérieux conseiller. Il s'étonne qu'avec Maudsley et Huxley, je distingue *voir*, de *savoir qu'on voit*. Évidemment, je ne pourrai jamais démontrer que, si la matière possédait toutes ses propriétés actuelles, hormis la propriété de conscience, tout se passerait comme aujourd'hui, — puisque, aussi bien, la matière est consciente. Mais, il m'avait semblé que cette manière de parler était très claire! Je vois qu'il n'en est rien, et je me demande si je n'ai pas, vis-à-vis de la conscience épiphénomène, une position aussi regrettable — mais aussi irréductible, — que les croyants vis-à-vis des preuves de l'existence de Dieu.

CHAPITRE VIII

Quelques objections au monisme.

§ 35. — LA CONSCIENCE ÉPIPHÉNOMÈNE

En moniste convaincu, j'ai naturellement défendu dans plusieurs ouvrages[1] la théorie de la conscience épiphénomène, que je n'avais d'ailleurs pas inventée[2]; j'ai dû l'exposer d'une manière défectueuse, car les critiques qui l'ont attaquée ne l'ont pas comprise; la façon dont je viens de l'expliquer par une comparaison avec un sourd qui ferait de l'acoustique ne me paraît laisser prise à aucune ambiguïté; je ne dis pas que ma comparaison aura convaincu quelqu'un; au contraire, je crois que les dualistes qui méritent ce nom repousseront ce système essentiellement moniste, avec d'autant plus de vigueur qu'ils le comprendront

1. *Le Déterminisme biologique; l'Individualité et l'erreur individualiste.* Paris, Alcan.

2. Elle est de MAUDSLEY et a été adoptée par HUXLEY.

mieux; du moins le combattront-ils en connaissance de cause, et non avec des arguments comme ceux que je relève une fois de plus dans le livre de mon regretté ami Hannequin[1] :

« La thèse du physiologiste conséquent avec ses principes n'est pas douteuse : il ne peut pas admettre, un seul instant, des impressions étant données dans un mécanisme également donné, l'indétermination de la résultante motrice qui suivra. *Quel que soit donc l'état de conscience provoqué dans l'intervalle*, la résultante est d'avance mécaniquement, mathématiquement déterminée. Or, cela n'est-il pas manifestement faux? »

Et plus loin :

« Prétendre que la douleur des coups de bâton n'est pour rien dans l'effroi ou dans la fuite du chien, que l'amour de la mère pour ses petits n'est pas la vraie raison qui lui fait braver les plus grands dangers, *est une simple absurdité* ».

Je suis tout à fait de l'avis de Hannequin relativement à cette dernière affirmation et je suis certain que tous les monistes pensent comme lui; mais il n'en est plus de même relativement à la première citation; elle prouve seulement que l'excellent philosophe n'avait pas compris la théorie de la conscience épiphénomène, et cela prouve sûrement que cette théorie était exposée

1. *Introduction à l'étude de la psychologie*, pp. 43-44.

d'une manière vicieuse. Les états de conscience sont la traduction, dans le langage subjectif propre à celui qui en est le siège, des modifications mesurables que l'observateur étranger étudierait au moyen du phrénographe hypothétique de tout à l'heure. L'observateur étranger, lisant au phrénographe, ne lirait pas : « douleur des coups de bâton », « amour maternel » ; il verrait seulement des hiéroglyphes mesurables conduisant à d'autres hiéroglyphes qui représenteraient, dans le premier cas, la mise en train d'un mouvement de fuite, dans le second cas, la mise en train d'un mouvement de défense, et tout cela lui paraîtrait soumis au déterminisme le plus parfait, sans qu'il eût aucun moyen de savoir si l'animal étudié est au courant, d'une manière ou d'une autre, de ce qui se passe en lui. La conscience de ces mouvements cérébraux chez l'animal observé serait aussi inconnue de l'observateur au phrénographe, que la sonorité des vibrations l'est du sourd qui fait de l'acoustique. Mais si l'on apprend au sourd que des hommes plus privilégiés peuvent lire directement, au moyen de leurs oreilles, le mouvement vibratoire qu'il lit indirectement au moyen de ses yeux, il n'aura jamais l'idée de prétendre que la ligne sinueuse du cylindre enregistreur « est mécaniquement, mathématiquement déterminée, quels que soient les sons correspondants qu'entendent les hommes pourvus d'oreilles ».

L'influx nerveux résultant d'une impression donnée se répartit dans le cerveau suivant l'état du cerveau au moment considéré[1], et produit dans les divers points de ce viscère des modifications mesurables qui, dans l'hypothèse du phrénographe réalisé, peuvent se lire de deux manières : l'une réservée au propriétaire du cerveau et qui est le langage subjectif des états de conscience, l'autre qui est à la portée de tout individu capable de lire un phrénographe. Mais il n'y a là que deux traductions différentes des mêmes mouvements, des mêmes modifications mesurables : il suffirait de savoir établir un dictionnaire pour passer de l'une des langues à l'autre ; dans tous les cas, *le fait de la lecture consciente de son propre cerveau par l'observé* échapperait à l'observateur du phrénographe, serait pour lui un épiphénomène sans intérêt, au point de vue de son étude objective des phénomènes ; il faut le répéter une fois de plus, puisque les dualistes semblent toujours ne pas comprendre notre thèse ; ce qui est sans intérêt pour l'observateur objectif, ce n'est pas *ce que lit* l'observé dans son propre cerveau, mais seulement *le fait qu'il lit* dans sa conscience quelque chose de précisément équivalent à ce qu'observe objectivement le lecteur du phrénographe.

1. Et cet état change sans cesse, comme nous le constatons dans notre langage subjectif, par la mobilité de nos pensées, comme le constatent également les observateurs étrangers qui étudient objectivement les phénomènes vitaux.

Nous pouvons maintenant renoncer à l'hypothèse du *phrénographe* réalisé; il nous a servi seulement à expliquer sans ambiguïté la théorie de la conscience épiphénomène; il est évident désormais, me semble-t-il, pour quiconque s'est donné la peine de suivre ces raisonnements plutôt ennuyeux, que la théorie de la conscience épiphénomène est identique à la définition du monisme dont elle n'est qu'un exposé différent; elle se borne à prétendre que rien ne se passe dans la pensée humaine sans que se modifie parallèlement quelque chose qui est susceptible de mesure, qui, en d'autres termes, est observable au phrénographe.

§ 36. — MATIÈRE ET PENSÉE

Indépendamment de la ruine de la liberté absolue, le monisme ou, ce qui revient au même, la théorie de la conscience épiphénomène, présente encore une autre conséquence que les hommes habitués au dualisme ne se résigneront pas facilement à accepter. Puisque, chez chacun de nous, les mouvements de notre substance cérébrale sont conscients, puisque certaines modifications mesurables représentent, pour celui qui en est le siège, celle-ci une pensée, celle-là une souffrance, celle-là encore une détermination d'agir, il faut admettre que notre substance cérébrale est douée de conscience, que ses éléments constitutifs sont doués des éléments de la conscience, et que la mentalité humaine s'édifie, au moyen de ces éléments de conscience, en même temps et de même que s'édifie le cerveau de l'homme au moyen des éléments mesurables correspondants. Autrement dit, de même que la vie de l'homme, phénomène d'ensemble, est la synthèse d'un grand nombre de phénomènes élémentaires que nous pouvons étudier séparément, de même, la pensée de l'homme, épiphénomène d'ensemble, serait la synthèse d'un grand nombre d'épiphénomènes élémentaires que nous ne pouvons pas étudier objectivement.

Mais les éléments dont est construit le cerveau de l'homme sont les éléments ordinaires de la chimie, le carbone, l'azote, l'oxygène, l'hydrogène, etc. ; il faut donc admettre, si l'on veut aller jusqu'au bout de la théorie moniste, que les éléments des substances brutes ont leur conscience élémentaire. Pour ma part, je ne vois aucun inconvénient à admettre cela, puisque j'y suis conduit logiquement, et je l'admettrai jusqu'à ce qu'on m'ait montré une erreur dans mes raisonnements ou qu'on m'ait enseigné un système meilleur ; mais les dualistes poussent les hauts cris ! Autant il leur est facile d'admettre que l'univers est peuplé de consciences, pourvu que ces consciences ne soient inhérentes à rien de mesurable, autant ils répugnent à croire que des éléments de conscience dont la synthèse constitue la pensée humaine peuvent être inhérents à des éléments mesurables dont la synthèse constitue le corps humain. Et cependant, sauf ceux qui sont spirites, aucun dualiste n'a la prétention d'avoir connu dans le monde une conscience qui existât sans être liée à un corps; l'homme le plus génial n'en a pas moins un corps, une guenille matérielle appréciable, et il ne manifeste son génie que grâce à sa guenille. Je ne puis pas savoir directement si le charbon contient les éléments de la pensée; je ne suis pas dedans, comme on dit vulgairement; la seule matière que je puisse connaître au point de vue subjectif, parce que je suis dedans, c'est celle qui constitue mon corps: et je constate que celle-là est consciente; c'est même pour cela que je puis le constater; la seule observation qui me soit possible au sujet de l'hypothèse dont je m'occupe actuellement est donc favorable à cette hypothèse; je ne dirai pas qu'elle la démontre; les dualistes font en effet, chacun sur soi, la même observation, et ils restent dualistes; mais si elle ne la démontre pas, elle ne l'infirme en aucune manière; écoutez cependant ce qu'écrit un dualiste « au nom de l'observation et de la raison[1] ».

1. Abbé CHANVILLARD. *Revue du Clergé français*. J'ai déjà répondu à ces assertions dans *Les Limites du connaissable*. Paris, Alcan.

« Votre système vous contraint d'affirmer que la matière doit produire la pensée, l'observation scientifique nous contraint d'affirmer(?) que la matière est incapable de produire la pensée. Nous savons en effet ce que c'est que la matière (?) et nous savons aussi ce que c'est que la pensée (?); l'observation externe nous renseigne sur le premier point et l'observation psychologique sur le second. La matière nous apparait étendue, pondérable et divisible; on peut la mesurer et elle est localisée dans le temps et dans l'espace. La pensée n'est ni pondérable, ni étendue, ni divisible; elle exclut le mouvement et la mesure[1]. Quelles seraient les dimensions d'une pensée, la force mécanique d'une volition, le côté droit d'un désir? Il serait aisé de développer dans le détail ces caractères absolument irréductibles de la pensée et de la matière tels que l'observation nous les fournit. Cela a été fait cent fois. Je me contenterai de conclure : entre la pensée et la matière la différence ne saurait être plus grande; elle se présente sous forme de contradiction. Voilà ce que l'observation nous révèle (?). Vous dites, au nom d'une thèse que, gratuitement, vous supposez démontrée : la matière peut contenir les éléments de la pensée; *au nom de l'observation et de la raison*, je vous réponds : la

1. Mais les monistes croient qu'elle s'accompagne toujours de modifications dans quelque chose qui est susceptible de mesure.

matière ne peut contenir ce qui est la négation d'elle-même. Or la pensée nous apparaît comme la négation de la matière; la matière ne peut donc contenir les éléments de la pensée ».

Ainsi soit-il! Voilà un sermon qui, pour être éloquent, ne convaincra que ceux qui le veulent bien. Avant qu'on connût les instruments enregistreurs, vous auriez dit : « Je veux faire étudier la musique à des sourds »: on vous aurait ri au nez; la surdité est la négation de la musique, etc., etc. Aujourd'hui on a inventé le phonographe et cela ne signifie plus rien: on sait aussi que l'éclair et le tonnerre ne sont qu'un seul phénomène, et cependant l'un d'eux seul était connaissable pour les sourds, l'autre seul connaissable pour les aveugles!

C'est pour des raisons de sentiment, de préférence personnelle que l'on acceptera la thèse dualiste ou la thèse moniste; toutes les théories sur lesquelles on discute à leur propos se ramènent en effet à cette question : La pensée s'accompagne-t-elle toujours d'une modification de quelque chose qui est susceptible de mesure? L'expérience n'est pas faite, quoi qu'en ait dit M. Armand Gautier, et tant qu'elle ne sera pas faite on pourra discuter; une fois qu'elle sera faite, si elle se fait, toutes les conséquences, soit monistes, soit dualistes, en découleront naturellement; la question sera vidée. Il me semble cependant que, jusqu'à plus ample informé, les esprits non prévenus doivent pencher vers le monisme, car *l'observation* montre à chacun de nous, grossièrement il est vrai, et sans que cette observation soit susceptible d'être traduite par des chiffres rigoureux, qu'un homme ne peut pas penser sans dépenser.

§ 37. — DIFFICULTÉS DU LANGAGE MONISTE

Jusqu'à présent les arguments foudroyants des dualistes n'ont pas semblé mettre le monisme en trop mauvaise posture ; les expériences, les observations *décisives*, auxquelles se reportent les dualistes pour nous réduire en poussière, n'ont aucun fondement sérieux, ainsi que j'ai essayé de le montrer, en oubliant autant que possible que je suis moi-même moniste.

Mais il y a une autre série d'arguments plus importants et plus capables de convaincre les gens qui n'ont pas leur siège fait d'avance ; déjà, pour la question de la liberté absolue, le monisme, qui à mon avis sort victorieusement de cette épreuve, a dû paraître bien bizarre, et même bien nuisible à certaines gens : mais nous ne faisons pas ici de la logique de sentiment, et il faut aller jusqu'au bout des conséquences de ses théories.

Si l'on admet le monisme, que devient la notion de but ? à quoi rime la tant vantée « harmonie des choses de la nature ? » Quel est le sort des grands principes de justice, de progrès, etc., pour lesquels les hommes se font tuer si volontiers? Ce sont-là des questions qui, comme toutes les autres, doivent être étudiées, si on le peut, au moyen des règles de la pure logique ; mais la solution de ces questions est si importante pour l'homme qui veut conformer ses actes à ses idées, que bien des gens y introduiront volontairement de la logique de sentiment, et rejetteront le monisme à cause de ses conséquences.

Nous avons étudié dans la deuxième partie de ce livre, les conséquences sociales du monisme; nous devons l'envisager ici au point de vue purement scientifique. Mais, avant de montrer comment le monisme peut se tirer honorablement au point de vue scientifique — quoique sans grande chance de convaincre ses adversaires — de ces difficultés sentimentales, je dois remarquer encore que, si le monisme a tant de peine à se faire admettre du plus grand nombre, c'est qu'il est en contradiction constante avec le *langage* même qui sert aux relations des hommes entre eux. Voici par exemple ce qu'en pense la Revue intitulée *Études*[1], qui m'a fait l'honneur de consacrer un article à la discussion, plutôt sévère, de « mon » monisme :

« Pure hypothèse, voilà donc le point de départ du monisme. Son point d'arrivée, c'est *une discor-*

1. *Études*, par des pères de la Compagnie du Jésus, numéro du 20 janvier 190 : « *Le Monisme* de M. Le Dantec d'après ses récents ouvrages ».

dance absolue entre le langage de la théorie et le langage « humain ». Je le sais, M. Le Dantec ne redoute pas cette objection ; il la prévient, et tout son livre des *Influences ancestrales* est pour la développer ; lui-même, quand il lui arrive d'employer une expression finaliste, métaphysique, se reprend, et en tire avec une habileté de virtuose, une confirmation de sa théorie ; on ne se refait pas en un jour une mentalité. Par exemple, pas de concessions sur le terrain des idées, et c'est un spectacle curieux de voir avec quelle sérénité, j'allais dire avec quelle bonne grâce, M. Le Dantec congédie ces entités métaphysiques qui s'appellent l'âme, la liberté, la responsabilité, l'art, le désintéressement ».

J'avoue en effet que le langage du monisme, poussé jusqu'à ses dernières conséquences, est tout à fait différent du langage courant, qui est individualiste et dualiste ; mais ce n'est pas une raison, parce qu'une erreur est accréditée depuis longtemps, pour que sa valeur scientifiqne soit établie ; je l'ai déjà fait remarquer à plusieurs reprises, il est vraisemblable que, dans la fabrication évolutive de l'homme social actuel, beaucoup d'erreurs ont joué un rôle aussi important que certaines vérités ; elles font partie aujourd'hui de notre bagage constitutif ; les unes sont même probablement entrées dans notre hérédité propre ; de celles-là nous ne pouvons guère songer à nous débarrasser, même si notre raison nous en montre l'absurdité, et ce sera toujours là la plus grande objection au monisme, à savoir que l'homme, tel qu'il est fait aujourd'hui, ne peut plus vouloir être moniste, parce que son sentiment lutte contre sa raison. D'autres erreurs, si elles ne sont pas fixées encore dans notre hérédité proprement dite, nous sont néanmoins fidèlement transmises dans le langage que nous apprenons étant enfants, et qui contient, jusque dans sa syntaxe même, le dépôt intangible des erreurs ancestrales. Le critique scientifique du *Journal des Débats* a bien voulu supposer que, dans ma folie moniste, je devais avoir quelque peine à me priver, pour m'exprimer correctement, de toutes les commodités du langage actuel, et que, malgré mes efforts, je devais néanmoins arriver à m'y embrouiller moi-même. Cela est vrai, et je trouve plus commode, pour me faire comprendre de mes congénères, d'employer la même langue qu'eux, après avoir, montré, *une fois pour toutes*, quelles conventions redoutables pour la raison se cachent dans les formules les plus courantes. Mais quand on a affaire à des adversaires aussi convaincus de leur bon droit que les dualistes, il ne faut pas prêter le flanc, même après avoir fait une restriction de cet ordre, et j'en donnerai tout à l'heure un exemple en signalant les critiques faites à un essai moniste sur les phénomènes de mimétisme et d'imitation.

§ 38. — ENCORE LE POINT DE VUE SOCIAL

Quoi qu'ayant déjà traité cette question dans la deuxième partie de ce livre, je dois montrer en toute sincérité le bien fondé, au point de vue social, de l'objection faite à « mon[1] » monisme par la Revue des Pères de la Compagnie de Jésus. Que deviennent, dans la théorie moniste, les notions de but, de responsabilité, de mérite, de justice, toutes notions qui sont exploitées par chacun de nous, dans les moindres actes de la vie quotidienne? La réponse à ces questions est analogue à celle que j'ai faite précédemment à propos de la liberté absolue. L'homme n'est pas libre au sens absolu du mot, en ce sens que, pour les monistes du moins, il ne peut y avoir en lui de raison d'agir indépendante de la variation de choses qui sont susceptibles de mesure; l'activité de l'homme ne réside pas dans l'homme même, mais résulte de réactions entre le corps de l'homme et les agents localisés dans le milieu qui l'entoure ; il n'y a donc pas de liberté absolue chez l'homme; mais, dans une troupe d'hommes, chacun agit à chaque instant pour des raisons qui sont en lui et qui sont connues de lui seul ; cela suffit pour que, au point de vue social, il soit considéré comme

1. Ce monisme n'est « mien » que parce que j'ai été jusqu'au bout des conclusions qu'il faut en tirer.

libre ; il n'est pas libre du monde, mais il est à peu près libre de ses voisins qui n'interviennent dans ses conditions de vie qu'en luttant avec lui pour l'existence. Rigoureusement, deux hommes qui sont enfermés dans un espace limité comme air et comme aliments ne sont pas libres l'un de l'autre, puisque chacun d'eux, quoique ignorant les pensées de l'autre, intervient cependant dans la genèse de ces pensées, en consommant sa part de l'oxygène qui est indispensable à la pensée. Il ne saurait y avoir de liberté absolue, s'il n'y a pas de pensée indépendante de la variation de choses mesurables.

Chose bizarre, et qu'on ne saurait trop répéter, alors que l'on a l'habitude d'opposer comme contradictoires le déterminisme et le finalisme, l'étude moniste de la fabrication évolutive de l'homme montre dans l'observation prolongée, faite par les hommes, du déterminisme humain, l'origine du finalisme. C'est la connaissance héréditaire du fait que tel acte succède à tel mouvement cérébral, qui a permis l'adaptation progressive des « moyens » à la « fin ». J'ai développé ces considérations dans un ouvrage récent[1], je me contente donc de les signaler ; mais je prévois encore ici l'objection des dualistes : « Vous avez nié tout à l'heure la valeur directrice de la

1. *Les Influences ancestrales*. Paris, Flammarion.

conscience et vous attribuez à une *connaissance héréditaire* une influence bienfaisante. » Sans doute, mais j'entends par *connaissance* la particularité cérébrale objective qui est créée chez un animal par l'expérience d'un phénomène, et non le fait que l'animal a conscience de cette particularité objective; le malentendu persistera indéfiniment si l'on n'admet pas, une fois pour toutes, que quand un moniste parle d'un fait de conscience, il pense à l'état cérébral correspondant et non à la connaissance qu'en a l'animal.

Pour ce qui est du finalisme immédiat, de l'adaptation des moyens à la fin, le monisme n'éprouve pas de gêne particulière; mais quand il s'agit du but à assigner à la vie, de l'idéal à poursuivre, il est bien obligé de déclarer que le seul but de la vie est la mort et la mort totale; pour beaucoup de gens, cela n'est pas assez consolant; peut-être même est-il bon, au point de vue social, que les hommes croient à une récompense, au delà de la vie, de leurs mérites actuels. J'ai discuté précédemment la valeur sociale de cette croyance; je me borne ici à signaler les conséquences logiques du monisme.

Le monisme exclut la responsabilité absolue; l'homme étant entièrement le résultat de l'hérédité et de l'éducation, et n'étant maître ni de l'une ni de l'autre, n'est pas responsable; cela est évident; il n'a pas non plus de mérite, et la justice est un leurre. Mais l'homme est un animal social, et ceci depuis un nombre immense de générations, c'est-à-dire que les conditions de la lutte pour l'existence sont différentes pour lui, suivant qu'il s'agit de ses congénères ou des animaux d'espèce différente; j'ai essayé de montrer dans *Les Influences ancestrales*[1] comment notre conscience morale actuelle résulte d'une vie sociale prolongée. Cette conscience morale, qui répond à des particularités de structure de notre cerveau, contribue à nous dicter notre conduite dans beaucoup de cas, c'est-à-dire qu'elle fait partie des centres nerveux où s'élaborent nos « déterminations d'agir ». Elle est d'ailleurs d'une importance très variable chez les divers individus de notre espèce, comme nous avons vu précédemment que c'était le cas également pour la volonté.

La question suivante se pose donc au sujet de la valeur sociale du monisme. Est-il préférable que l'homme considère comme des principes éternels, accompagnés d'une sanction pénale, les ordres que lui donne sa conscience morale, ou bien qu'il sache que ce sont là des résidus héréditaires, provenant d'une époque disparue, et peut-être contraires aux conditions actuelles de la vie humaine? Je n'ai pas une compétence suffisante pour résoudre cette question sociale. Il me semble

1. *Op. cit.*

cependant que la réponse ne doit pas être la même pour tous les types d'hommes. Pour ceux qui ont une conscience morale peu développée, pour les effrontés, il n'est pas mauvais que la croyance à des principes éternels, accompagnés de sanction pénale, restreigne leur activité égoïste, dans les cas où la peur des gendarmes ne suffit pas ; mais pour ceux qui ont au contraire une hypertrophie de la conscience morale, les croyances monistes sont préférables ; elles ne suffisent pas d'ailleurs à faire taire la voix d'une conscience tâtillonne, mais elles empêchent les scrupules excessifs, la tendance aux mortifications et à l'ascétisme. Pour égaliser les conditions de la lutte entre les hommes, il faudrait donc enseigner le monisme aux enfants timorés et doux, qui ont des chances d'être, toute leur vie dupes de leur bon cœur, et inculquer au contraire des principes sévères et la peur de l'enfer aux enfants intraitables et violents qui, une fois hommes, seront dangereux pour ceux de la première catégorie. C'est là une pure utopie, et d'ailleurs, au nom de quel principe métaphysique peut-on, si l'on est moniste, décréter qu'il faut plus d'égalité parmi les hommes ?

Je ne sais pas comment font les dualistes quand ils sont en présence d'un conflit entre leur conscience morale et leur intérêt actuel, entre leur conscience morale surtout et l'intérêt de ceux qui leur sont chers, mais je ne trouve pas que le monisme rende malheureux, et je crois qu'il peut s'allier, au moins chez certaines natures, avec une conduite qui reste dans la bonne moyenne de l'honnêteté. Nous ne devons pas d'ailleurs nous occuper ici d'utilité ou d'inutilité, mais de logique pure et non de logique des sentiments.

§ 39. — LE SORT DE LA THÉORIE MONISTE NE DÉPEND PAS DU PLUS OU MOINS DE VALEUR DES TRAVAUX D'UN MONISTE DONNÉ

Pour que toute l'explication que j'ai donnée dans *Les Influences ancestrales* de l'origine de la logique et de la conscience morale soit acceptable, il faut naturellement que l'hérédité puisse faire ce que je lui ai attribué ; voici l'objection de la Revue déjà citée des Pères de la Compagnie de Jésus[1].

« On peut dire que tout le système de M. Le Dantec est suspendu aux deux points suivants : d'une part, la connexion nécessaire entre la forme d'un être et sa constitution chimique, d'autre part, la réduction du phénomène de l'hérédité à celui de l'assimilation. Connexion nécessaire entre la forme et la constitution chimique : il le faut bien pour expliquer, par le seul jeu des forces matérielles, la construction des organismes ; on nous parlera donc de substance de hanneton, substance de chèvre,

1. *Op. cit.*, p. 209.

substance d'homme, bien plus, substance de Pierre, substance de Paul, telle, qu'un seul des éléments anatomiques d'un individu quelconque suffirait à déterminer l'individu tout entier. Est-ce le microscope ou la balance qui révèle cette loi? Non, mais la théorie l'exige. Réduction du phénomène de l'hérédité à celui de l'assimilation : cela encore est nécessaire, puisque l'assimilation est la seule caractéristique des êtres vivants... Hypothèses gratuites, que les critiques les plus modérés ont appelées *ingénieuses* ».

Ce n'est pas ici le lieu de discuter la valeur de mes théories de l'hérédité ; j'ai répondu à des critiques plus serrées ; ce que je veux signaler, c'est le mode de discussion, qui, pour atteindre le monisme, attaque *une* théorie *d'un* moniste. La question fondamentale du monisme : « Y a-t-il des pensées qui ne s'accompagnent pas de la modification de quelque chose de mesurable ? » est une question actuelle, indépendante de toutes les considérations historiques qui peuvent nous expliquer l'état actuel du monde ; elle n'a aucun rapport avec la question de l'origine des espèces. J'avoue que, ne pouvant me résoudre à accepter, avec certains dualistes, le dogme de la création, j'ai trouvé de grandes joies dans mes essais d'explication partielle de la formation de l'homme d'aujourd'hui ; j'avoue que, maintenant encore, et malgré les critiques qu'elles ont soulevées, mes théories me donnent toujours beaucoup de satisfaction, mais, je le répète, elles n'ont rien à voir avec la question du monisme. Le monisme pourrait être établi sans que rien de ce que nous voyons autour de nous fût expliqué. Il ne faut pas croire qu'en relevant une erreur des Lamarckiens ou des Darwinistes, on attaque le principe d'évolution ; je l'ai fait moi-même, et bien souvent, et cela ne m'empêche pas de trouver dans la théorie évolutioniste, indépendamment des méthodes suivant lesquelles elle est appliquée dans le détail par chaque savant, une explication très satisfaisante de cette « harmonie de la nature » qui provient uniquement de l'adaptation progressive de tous les êtres vivants à ce qui est.

§ 40. — ÉNUMÉRATION SUCCINCTE DE QUELQUES OBJECTIONS

Jusqu'à présent, j'ai, dans ce chapitre, essayé d'exposer la thèse moniste, réduite à ses côtés essentiels, en la défendant contre les attaques dont elle a été l'objet ; mais je dois avouer que, avec cette méthode d'exposition, je mets d'une manière trop évidente, tous les atouts dans mon jeu ; j'attire mes adversaires sur mon terrain quand j'en ai besoin pour donner plus de netteté à une explication, de sorte que le lecteur doit avoir la sensation d'assister à une conversation entre deux interlocuteurs dont l'un ne donnerait la parole à l'autre que pour le battre. Je voudrais, pour terminer, employer la méthode inverse et donner la parole à un des adversaires du monisme, en me réservant seulement, de temps en temps, une petite remarque, mais sans interrompre le plaidoyer; malheureusement, les plaidoyers contre le monisme sont fort longs; il faudra donc que je choisisse parmi les passages, ceux qui contiennent, à mon avis, les plus fortes objections; j'espère qu'on voudra bien croire à la sincérité de mon choix; certainement, cette sincérité serait plus évidente si je signalais des objections auxquelles je n'ai rien trouvé à répondre; mais s'il y en avait, je ne serais plus moniste, et je le suis plus que jamais, malgré les critiques. Les dimensions de ce volume ne me permettent pas de passer successivement en revue les objections des Pères de la Compagnie de Jésus, celles de la *Revue Thomiste*, celle de la *Revue du Clergé français*, celles de la *Revue des Questions scientifiques*, celles du livre de M. Grasset, *Les limites de la Biologie*, au premier chapitre duquel j'ai déjà répondu [1] (et auquel j'ai été probablement seul à répondre, si j'en crois la préface de sa deuxième édition).

Je me contenterai de suivre ici la série d'articles que M. P. Vignon a publiés dans la *Revue de Philosophie* [2] « sur le matérialisme scientifique ». Cette série d'articles portait comme sous-titre : « A propos

1. *Les Limites du connaissable*. Paris, Alcan.
2. Numéros de mars, avril, mai, juin et juillet 1904.

d'un récent *Traité de Biologie* » ; je suis l'auteur de ce traité de biologie, et M. Vignon déclare d'ailleurs que je lui sers seulement de type représentatif de l'état d'esprit des monistes ; je ne serai donc pas accusé de faire ici un plaidoyer *pro domo*, d'autant que je laisserai de côté tout ce qui a trait à une théorie particulière dont la solidité n'a rien à voir avec celle du monisme lui-même.

En commençant, je dois signaler une critique qui m'a été faite par la *Revue de Métaphysique et de Morale*[1] ; elle me reproche de prêter à mes adversaires des opinions qu'ils ne professent pas :

« Nous ne connaissons aucun psychologue qui admette que l'homme perçoit ce qui ne modifie nullement son corps. Personne ne soutient que l'esprit se promène autour du corps pour connaître, directement et sans l'imtermédiaire des organes des sens, le monde extérieur. M. Le Dantec croit diriger ses coups contre les spiritualistes, et il n'atteint que les spirites. »

Si l'auteur de ces lignes admet réellement que l'homme ne perçoit pas — et j'ajouterai ne conçoit pas — ce qui ne modifie nullement son corps, il est moniste comme moi, et je suis loin de l'attaquer. Mais le peu que j'ai pu comprendre aux ouvrages spiritualistes me fait craindre, chez cet auteur anonyme comme chez les autres, certaines subti-

1. Supplément du numéro de septembre 1903, p. 9.

lités qui accordent cependant à la conscience des *déterminations d'agir*, indépendantes de l'état du cerveau ; à côté du mécanisme il y a quelque chose qui, malgré tout, est indépendant du mécanisme, et qui tourne les robinets de mise en train. L'équivalence mécanique de ces actes *matériels* est si faible qu'elle est difficile à mettre en évidence ; de même, lorsqu'on étudie le rendement d'une locomotive, on ne tient pas compte de l'effort du mécanicien qui actionne la machine, et cependant, cet effort existe et est mesurable ; mais il se passe en dehors de la machine même, tandis que, dans la machine humaine, les mécanismes de mise en train font partie de la machine comme tous les autres rouages. Si les spiritualistes admettent cela, ils sont monistes, et je ne vois pas par quelle nuance ils diffèrent des autres ; mais je crains bien qu'ils n'arrivent, par une souplesse d'esprit dont je suis incapable, à accorder le déterminisme le plus rigoureux avec la liberté absolue des mises en train. C'est ce que fit, avec sa bonne humeur habituelle, M. l'abbé Naudet, dans une conférence contradictoire où nous parlâmes l'un et l'autre. Il me dit, en substance, que les miracles ne sont pas en contradiction avec le déterminisme, et voici l'exemple qu'il me donna :

« Un homme dort sur le bas port à l'ombre d'un pont ; une grosse pierre se détache à quelques mètres de hauteur, juste au-dessus de la tête du dormeur; il est infailliblement condamné; mais du bout de ma canne, je donne une légère impulsion à la pierre, sa trajectoire dévie, et voilà mon homme sauvé; voyez-vous là quelque chose qui soit en contradiction avec les lois naturelles? Dieu peut donc faire des miracles sans donner le moindre accroc aux lois qu'il a imposées au monde ».

Évidemment, l'effort de la canne du sauveteur est *petit* par rapport à la force vive du pavé qui tombe; mais il n'est pas nul, et il a une équivalence mécanique; tandis que si c'est Dieu qui est intervenu, par l'exercice d'une volonté qui se manifeste sans *que se modifie rien qui soit susceptible de mesure*, son intervention, si minime qu'elle soit, est en contradiction avec le déterminisme universel. C'est toujours la question des mises en train. De ce que nous en connaissons quelques-unes qui nécessitent un très faible effort et que, *dans la pratique*, on peut négliger dans l'évaluation d'un travail total souvent très considérable, on conclut qu'il est possible, dans les théories, d'assimiler à ces quantités négligeables *les déterminations d'agir* qui se passent dans le cerveau de l'homme, et de déclarer, avec M. Armand Gautier, qu'elles n'ont pas d'équivalent mécanique. Avec la formule que j'ai proposée comme définition du monisme, il me semble qu'aucune ambiguïté ne subsiste.

J'arrive, maintenant, au travail de M. Vignon[1].

§ 41. — OBJECTIONS DE LA « REVUE DE PHILOSOPHIE »

L'auteur commence par un avant-propos dans lequel il déclare qu'il fait de la métaphysique (p. x), mais que « le matérialisme étant un système métaphysique, il faut bien que la critique raisonnée de cette doctrine soit aussi de l'ordre métaphysique ». Il est bien difficile à un homme de ne pas faire de métaphysique; j'en ai fait, moi aussi, sans m'en douter, et bien souvent; mais toutes les fois que je m'en suis aperçu, j'ai fait mon *mea culpa*, et j'ai essayé de me corriger, car ce serait perdre son temps que de discuter avec des gens ayant des convictions opposées, relativement à des choses qui ne sont pas susceptibles de vérification. Dans mon livre *Les Lois naturelles*, j'ai fait un effort soutenu pour m'en tenir aux choses mesurables et les prendre comme point de départ de tout; je me suis aperçu alors, en relisant mes ouvrages antérieurs, que j'avais maintes fois employé des expressions métaphysiques, et j'en ai été fâché; mais, en y regardant de plus près, j'ai constaté qu'il y avait seulement là un vice de forme, et que les mêmes propositions pouvaient subsister sans mo-

1. La série d'articles de M. P. Vignon a été publiée sous forme de brochure; c'est à cette brochure que je renverrai pour la pagination.

dification et être traduites dans un langage positif[1] que, en d'autres termes, des propositions d'apparence métaphysique signifiaient tout de même quelque chose. C'est parce que je trouve dans l'ouvrage métaphysique de M. Vignon, un substratum positif, que j'en fais mention ici ; je n'irais pas volontiers me battre avec une ombre. Je m'en tiens donc à ma définition toute positive du monisme et ce sera ma position pour écouter M. Vignon. Je sais bien qu'on me dira que je fais encore de la métaphysique, puisque je considère comme mesurables des choses qui n'ont pas jusqu'à présent été mesurées ; elles sont difficiles à mesurer, j'en conviens, mais nous avons des raisons de croire qu'elles sont le siège de modifications et c'est là la thèse du monisme. Je n'imiterai pas Auguste Comte qui, n'ayant pas connu le spectroscope, déclarait impossible l'étude de la chimie stellaire ; je ne vois pas que le *phrénoscope* soit plus invraisemblable que le spectroscope, et les rayons N ont déjà failli nous donner l'équivalent des raies de Frauenhofer. Il ne faut pas désespérer des progrès de la science qui a pour objet principal la recherche de nouvelles méthodes de mesure.

M. Vignon commence par définir le matérialisme « un monisme substantiel et un monisme

1. Je crois avoir, par exemple, donné, au cours de ce chapitre, une définition de la conscience épiphénomène, meilleure que la première, mais équivalente.

analytique » ; il déclare en conséquence qu'il a pour base l'unité de constitution de la matière et qu'il ne saurait admettre les nombreux corps simples de la chimie. Sur le terrain biologique où je me suis placé, je n'ai pas à m'occuper de cela, ainsi que je l'ai fait remarquer plus haut. Si, être matérialiste, cela signifie admettre comme base l'unité de la matière, je confesse que j'ai eu tort de m'intituler quelquefois matérialiste, et que j'ai péché par ignorance des systèmes philosophiques ; il est dangereux, pour un homme qui n'a fait que des études scientifiques, d'employer des épithètes philosophiques qui l'inféodent à des systèmes dont il ne connaît rien. La physique des électrons me paraît avoir fait un grand pas dans la voie de cette théorie de l'unité de la matière ; je trouve ses conquêtes admirables, et je m'en réjouis ; mais cela n'a rien à voir avec le monisme biologique que je défends. M. Vignon me le concède d'ailleurs : « Nous ne demanderons pas à M. Le Dantec ce qu'il pense du polythéisme corpusculaire ; il nous répondrait, avec raison, qu'il n'y a là qu'une fantaisie antiscientifique[1] ». Je ne sais pas ce que je répondrais à M. Vignon, s'il me posait cette question, mais j'aime mieux qu'il ne me la pose pas, et j'entre tout de suite sur le terrain où je me meus plus à l'aise :

1. *Op. cit.*, p. 11.

« Et maintenant, toute métaphysique première étant mise de côté, les savants matérialistes se borneront à nous présenter, dans un langage *volontiers imprécis*, le cosmos comme fait de parties élémentaires aussi pauvres que possible en propriétés intrinsèques, *sur lesquelles agiront des forces mécaniques* capables seulement de mouvoir les masses dans une direction et avec une vitesse déterminées ; les causes immédiates étant les mouvements antécédents et les causes générales se réduisant à l'ensemble des circonstances concomitantes. Tout phénomène sera à la fois nécessaire et fortuit : nécessaire, parce qu'il sera mécaniquement causé, jusque dans ses antécédents les plus lointains ; fortuit, parce qu'il ne sera pénétré d'aucune harmonie et qu'il ne témoignera d'aucune intention, même rudimentaire. Tel sera le « matérialisme pratique » ou mécanique « antitéléologique », appelé ainsi parce qu'il soutient *l'automatisme aveugle et irrationnel des synthèses substantielles*[1] ».

Je souscris volontiers à tout ce passage de l'auteur, en faisant des réserves pour les endroits soulignés. D'abord, je trouve que M. Vignon est trop généreux en nous accordant *des forces mécaniques capables*, etc. L'homme ne connaît pas de forces, mais seulement des effets de ces agents

1. *Ibid.*, p. 11.

hypothétiques qu'on appelle forces, savoir des variations de vitesse et de direction ; la force est, soit une fonction mathématique d'un emploi commode, soit une entité anthropomorphique inutile et même dangereuse pour le philosophe[1]. En revanche, il n'a pas le droit de dire que nous soutenons « l'automatisme aveugle et irrationnel des synthèses substantielles » si, par synthèses substantielles, il entend les animaux doués d'organes des sens. Les animaux ont des yeux et s'en servent ; ils ne sont donc pas d'un « automatisme aveugle » et, le problème de l'origine des espèces est précisément d'expliquer comment, avec des éléments *aveugles*, il peut se constituer, par adaptations successives, des animaux qui ont des yeux et savent en faire usage. Je n'ai pas à discuter ici la thèse transformiste, mais M. Vignon ne niera pas que les hommes, *qui ont des yeux*, sont fabriqués au moyen de substances chimiques, qui n'en ont pas. Il m'objectera que précisément il y a en l'homme un principe qui lui permet de se servir de ses yeux, et nous reviendrons à la thèse principale du monisme : « Se produit-il dans le cerveau de l'homme des perceptions, des appréciations, des déterminations d'agir sans que se modifie quelque chose qui est susceptible de mesure ? »

Dès le début de son argumentation, M. Vignon

1. Voy. *Les Lois naturelles*, *op. cit.*, chap. XV et chap. XXXI.

exploite l'erreur commune à tous ceux qui attaquent le monisme. Son premier paragraphe est intitulé[1] : *Les faits psychiques sont radicalement inactifs*. En voyant tant d'hommes distingués qui attaquent, sans l'avoir comprise, la théorie de la conscience épiphénomène, je me dis avec tristesse que cette théorie a sûrement été mal formulée par ses adeptes — *quorum pars magna fui!* — J'espère avoir mieux expliqué dans ce chapitre cette théorie si âprement combattue; je me demande comment on a pu accuser de puérilités aussi évidentes un homme comme Huxley, qui a été sinon le promoteur, du moins l'un des défenseurs du système. Je le répète encore une fois, les faits psychiques sont des faits comme les autres, et s'accompagnent de modifications dans des choses qui sont susceptibles de mesure; ce n'est pas une raison parce qu'ils sont psychiques pour qu'ils soient inactifs, ce n'est pas non plus parce qu'ils sont psychiques qu'ils sont actifs, mais ils sont actifs au même degré que les autres, et soumis au même déterminisme; il sera possible de les étudier objectivement quand on aura fait les découvertes nécessaires. De même les vibrations de l'air ne font pas remuer différemment la poussière répartie sur une plaque de résonnateur, soit qu'elles soient perçues par une oreille et, par suite, sonores, soit qu'il

1. *Op. cit.*, p. 12.

n'y ait dans le voisinage aucune oreille capable de déceler leur sonorité.

En revanche, je suis tout à fait d'accord avec M. Vignon quand il dit[1] : « Voici ce que tout matérialiste, quel qu'il soit, sera obligé de proclamer : les mouvements moléculaires étant tous déterminés mécaniquement, la résultante de ces mouvements élémentaires est déterminée de la même façon ». Mais l'auteur ajoute : « Cette résultante est donc indépendante de toute *perception*, de tout *raisonnement*, de tout *jugement* », et ici je suis obligé de me séparer de lui, car les monistes considèrent que les *raisonnements* et les *jugements* sont la traduction, dans le langage de la conscience individuelle, des mouvements de choses mesurables, qui prennent place dans le déterminisme universel. Il ne suffit pas qu'un phénomène soit accompagné de conscience chez un individu pour qu'il soit inactif dans le concert général des choses ; seulement, le fait qu'il est connu de cet individu n'a pas d'influence sur la marche des événements. C'est ce que j'ai essayé d'exprimer dans cette formule imparfaite : « Tout ce qui se passe dans le monde s'y passerait de la même manière si les atomes avaient toutes leurs propriétés actuelles, sauf la propriété de conscience élémentaire », formule imparfaite puis-

1. *Op. cit.*, p. 13.

qu'elle suppose un monde où les choses seraient autrement qu'elles sont, mais qui a néanmoins le mérite de la clarté ; je la précise en disant : « Il y aurait aujourd'hui des hommes, résultat d'une évolution et d'une adaptation progressives, et ces hommes auraient des yeux et des oreilles, et s'en serviraient comme ils s'en servent ; et les mêmes influx nerveux se produiraient dans leurs cerveaux, et traceraient ces trajets capricieux que chacun de nous connaît en lui-même sous le nom d'association d'idées. détermination d'agir, etc. ; seulement, ils ne le sauraient pas, et chacun d'eux n'aurait plus la prétention d'être le centre du monde. » Le moniste conséquent avec lui-même doit admettre cette formule, qui n'a cependant aucune valeur puisqu'elle fait appel à une hypothèse contraire à l'ordre de choses établi. Cette formule n'est qu'une manière de faire comprendre une théorie. Les travaux de Darwin et de Lamarck nous ont permis de comprendre comment, dans ces conditions de conscience épiphénomène, les hommes ont pu se former. On peut être plus ou moins satisfait des interprétations données au sujet de l'origine des espèces, mais ces interprétations seraient-elles toutes fausses, que le fait du monisme n'en subsisterait pas moins avec toutes ses conséquences : « Rien ne se passe de connaissable à un homme, sans que se modifie quelque chose qui est susceptible de mesure ». « Merveilleuse sélection naturelle! s'écrie M. Vignon[1]. Mais par quoi les trajets intracérébraux d'un individu peuvent-ils être représentés dans l'œuf issu de lui, pour que l'hérédité, non moins habile que la sélection naturelle, les fasse réapparaître, au moment voulu, dans le cerveau du produit? » Il n'existerait aucune théorie de l'hérédité ou de l'origine des espèces, que les monistes auraient néanmoins le droit de soutenir, non pas que les faits psychiques sont inactifs, comme le dit M. Vignon, mais qu'il n'y a pas de fait psychique sans modification de quelque chose de mesurable.

« Un pareil système philosophique, dit M. Vignon, n'a que la psychologie qu'il mérite : nous voulons dire qu'il n'en a point. Telle est la démonstration, facile, que M. Le Dantec a pris à tâche de nous présenter lui-même après Hæckel ou Huxley[2]. »

Voici maintenant ce qu'écrit, sur le même sujet, le critique anonyme de la *Revue de Métaphysique et de Morale*[3] :

« Vraiment, il y a de quoi sourire, quand on voit ce que la psychologie doit à cette méthode prétendue scientifique ».

C'est comme si on raisonnait de la manière suivante : Savart et Helmholtz, qui ont fait faire de grands progrès à l'acoustique, en ont-ils fait faire

1. *Op. cit.*, p. 15.
2. *Op. cit.*, p. 12.
3. Mars 1904, Supplément, p. 9.

à la musique? Et doit-on penser que, sans eux, Wagner n'eût pas écrit la *Tétralogie*? Les monistes ne prétendent pas qu'il est plus aisé d'analyser les mentalités humaines en regardant les mouvements du cerveau qu'en les suivant dans sa propre conscience; ils sont même convaincus du contraire, et aucun d'eux ne trouverait intéressant de transcrire sur le phrénographe *Le lys rouge* d'Anatole France. Mais ils sont convaincus aussi qu'une étude objective des phénomènes cérébraux correspondant aux faits psychiques d'un homme *n'est pas impossible*; ils prétendent que les psychologues étudient, dans une langue à part, et avec une méthode différente, des phénomènes *du même ordre* que ceux qu'étudient les physiologistes; en d'autres termes, les modifications mesurables qui se produisent dans le corps de l'homme se divisent en deux catégories : l'une qu'il est plus facile d'étudier par les méthodes de la physiologie, l'autre qu'il est plus facile d'étudier par les méthodes de la psychologie :

« M. Le Dantec... croit que notre psychologie sera beaucoup plus scientifique si elle paraît emprunter le secours de la biologie, et si nous disons que l'instinct dépend de centres nerveux adultes, l'intelligence de centres nerveux non adultes. A merveille; mais est-ce l'histologie qui nous a fait connaître des centres nerveux adultes et d'autres non adultes? Point du tout.... C'est donc la simple observation du psychologue, si méprisée, qui vient ici au secours du biologiste pour lui permettre de faire une hypothèse sur le développement du système nerveux[1] ». De même on pourrait dire : L'accord parfait en musique, c'est telle et telle série de rapports de nombres de vibrations; mais est-ce le physicien qui a découvert l'accord parfait? point du tout; il a seulement traduit en langage acoustique le *do-mi-sol-do* du musicien. Et cependant cela n'est pas vain. Il n'est pas inutile non plus, quand on veut étudier l'origine des espèces, de pouvoir raconter *dans une langue unique* tous les faits dont on a besoin; c'est pour cette question de l'origine des espèces que la traduction en langage physiologique des faits d'ordre psychologique est non seulement précieuse, mais indispensable; les monistes croient qu'elle est possible et font de leur mieux pour la réaliser; mais ils n'ont pas l'intention pour cela d'empêcher les psychologues de faire de la psychologie en langage psychologique; au contraire, ils savent pertinemment qu'ils ne pourraient pas leur donner un outil équivalent. Mais, pour la question qui les préoccupe, la psychologie des psychologues *leur est inutile*, et ils en font une autre; de même, pour étudier la conservation de l'énergie, la musique ne sert à rien et l'acoustique est indispensable; chaque outil a du bon pour son objet.

1. *Revue de Métaphysique*, mars 1904, Supplément, p. 9.

« Le matérialisme, dit M. Vignon[1], *ayant assumé la tâche d'exorciser l'acte téléologique*, devait triompher tout d'abord de la volonté consciente et raisonnée, de l'attention active ; en effet, toutes ses conquêtes ultérieures éventuelles étaient condamnées à rester vaines, tant qu'il laissait debout et en fonction une seule intelligence directrice. A vrai dire, le psychisme actif, ce réduit du finalisme, ce domaine des tendances intentionnelles, eût pu passer pour inviolable : s'aveugler, à coups d'arguments *logiques*, sur l'existence même de cette raison qui fait la valeur de notre vie ; s'amputer, de propos délibéré et à force de volonté, de cette énergie morale qui est ce qu'on porte de meilleur en soi-même ; et tous ces efforts intellectuels *afin que* nul effort, poursuivi par une intelligence, n'eût le droit de travailler en vue d'un avenir qui ne fût pas contenu, d'avance et tout entier, dans les conditions mécaniques élémentaires des masses en présence ! L'entreprise était désespérée (Claude Bernard a dit *absurde*) ; car elle portait en elle une de ces contradictions immanentes et persistantes qu'on ne transgresse qu'en renonçant à faire œuvre raisonnable ». Voilà exprimée une fois de plus l'erreur qui provient d'une mauvaise compréhension de la théorie de la conscience épiphénomène ; je retrouve la même erreur, à chaque

1. *Op. cit.*, pp. 23-24.

page, dans le volumineux mémoire de M. Vignon, et je continue à en accuser l'exposé vicieux de cette théorie ; voici donc encore une nouvelle formule qui, je l'espère, sera compréhensible : Les phénomènes qui se passent dans un homme peuvent être connus de deux manières : d'une part, objectivement, par un observateur étranger (que je suppose muni du phrénoscope) ; d'autre part, subjectivement, par l'homme lui-même ; *ce sont les mêmes faits* qui sont connus de deux manières ; dans la première narration il n'est question que de mouvements, de réactions chimiques, de modifications de choses mesurables, soumis au déterminisme le plus rigoureux ; dans la deuxième, *qui est équivalente à la première*, il n'est question que de finalisme, de libre arbitre, de volonté, etc. ; *et cela est fatal parce que l'homme ne connaît subjectivement que les mouvements de sa substance propre ; il* IGNORE, *dans cette étude psychologique, l'oxygène, l'aliment, l'éther vibrant qui collaborent avec sa substance à la détermination de ses actes ; il croit en conséquence qu'il agit* PAR LUI-MÊME, *alors qu'il n'est que l'un des agents d'une série de réactions*. Au contraire, l'observateur qui emploie la méthode objective connaît en même temps tous les agents tant intérieurs qu'extérieurs à l'individu étudié ; c'est pour cela qu'il conclut au déterminisme de ses actes et à l'absence de liberté absolue. J'ai déjà expliqué[1],

1. Voy. *Les Influences ancestrales*, *op. cit.*

et je n'y reviendrai pas, comment ce déterminisme, loin de l'exclure, est au contraire la condition primordiale de l'acquisition de ce qu'on peut appeler « le finalisme humain », par adaptation progressive au cours des générations passées.

Je ne saurais trop insister sur ce point puisqu'il n'a jamais été compris des dualistes ; en supprimant même l'hypothèse du phrénoscope, et en livrant les observateurs à leurs propres ressources, je dirai que les hommes sont comme des pantins ayant des rouages cachés mus par des ficelles visibles à l'extérieur ; les rouages sont les particularités de sa structure cérébrale ; les ficelles sont des agents extérieurs d'action (oxygène, aliment, température, etc.). Eh bien, le pantin lui-même, par son observation subjective, connait les rouages et ignore les ficelles ; il se croit donc libre ; l'observateur étranger voit au contraire les ficelles, et ne devine les rouages que parce qu'il voit la diversité des mouvements causés par les ficelles ; le biologiste moniste a la prétention de tenir compte a la fois des rouages et des ficelles.

***

Je ne puis suivre M. Vignon dans toutes ses objections ; il y en a qui ne se rapportent pas directement à la question moniste. Depuis la page 25 jusqu'à la page 46, il fait le procès des théories sur l'hérédité et sur l'origine des espèces ; je n'ai pas à discuter ici la valeur de ces objections. Si par hasard les théories actuelles ne sont pas suffisantes, on en fera d'autres, et, en attendant qu'on les ait faites, l'homme sera moins satisfait de sa connaissance du monde ; mais cela ne change pas d'un iota la question du monisme et du dualisme ; un homme consciencieux, amené à conclure au monisme par certains faits, devra accepter ce système, même s'il se trouve, en l'acceptant, plongé dans les ténèbres les plus profondes au sujet de la signification de tout.

J'arrive immédiatement à la partie la plus importante, et à mon avis aussi la meilleure, du travail de M. Vignon ; c'est celle où il s'occupe du mimétisme et de l'imitation (pp. 46-56). Mon contradicteur a tort, ici encore, de prétendre que je considère les faits psychiques comme inactifs ; je me suis suffisamment expliqué là-dessus précédemment, et j'espère qu'il n'y aura plus désormais d'ambiguïté à ce sujet ; mais il a certainement raison quand il dit que je ne me suis pas tiré brillamment des difficultés que soulève, pour un moniste, le problème de l'imitation. Je vais commencer par me défendre dans les parties où je crois que j'ai raison, et faire ensuite un modeste acte de contrition pour les parties où je reconnais que je n'ai pas été à la hauteur de ma tâche.

M. Vignon m'approuve d'être, pour la question du

mimétisme, plus lamarckien que darwinien ; mais il a tort de croire qu'on ne peut pas être lamarckien et moniste, c'est-à-dire être lamarckien et refuser aux animaux « des initiatives absolues ». Je crois que l'on peut classer l'ensemble des phénomènes biologiques en deux catégories : les uns, directement adaptatifs, sont ceux dans lesquels l'être vivant n'est mû sous l'influence des agents extérieurs que par l'intermédiaire de son mécanisme — ce sont les phénomènes lamarckiens — ; les autres, vraiment fortuits[1] et adaptés seulement *ensuite* par la sélection naturelle, ce sont les phénomènes darwiniens ; et plus je vais, plus je crois que le rôle des derniers est minime dans l'histoire de la formation des espèces. En particulier, je crois que les plus remarquables d'entre les faits de mimétisme sont des résultats d'une fixation progressive, par l'habitude, *d'imitations primitivement volontaires.* Je veux dire par là que le mécanisme cérébral auquel correspondent les épiphénomènes de volonté intervient dans cette imitation. C'est à ce propos que M. Vignon me cherche querelle[2].

« Non seulement M. Le Dantec, dans le livre même où nous l'avons vu faire appel aux actions volontaires, au choix, à l'ingéniosité consciente des organismes, exprime immédiatement toutes ses réserves sur la nature de cette volonté, qu'il

1. Au sens que j'ai défini dans ce livre, au § 12.
2. *Op. cit.*, p. 53.

invoquait pourtant comme s'il en connaissait par lui-même les pouvoirs ; mais il renvoie explicitement le lecteur à son livre, connu de nous, sur le *Déterminisme biologique*, où la volonté est supprimée radicalement ». J'interromps ici la citation pour m'accuser d'avoir, dans cet ouvrage, employé souvent en effet le mot *volonté*, au lieu de spécifier qu'il s'agissait de la *volonté libre* des dualistes ; je considérais — à tort, je l'avoue — la théorie de la conscience épiphénomène comme si merveilleusement claire que je ne croyais pas devoir insister sur les définitions comme je le fais ici ; je reviens maintenant à l'argumentation de M. Vignon :

« Et M. Le Dantec reniait si peu ses convictions matérialistes, au moment où il utilisait la volonté, que nous l'entendions annoncer en même temps un ouvrage ultérieur où il s'efforçait d'expliquer mécaniquement les faits d'imitation dans leur ensemble, faits dont le mimétisme ne représente qu'un cas particulier. Cet ouvrage a paru : c'est *l'Unité dans l'être vivant*, déjà cité par nous. Le lecteur voudra bien se reporter au chapitre XI de ce livre et y constater combien peu M. Le Dantec a réussi à expliquer mécaniquement l'imitation. C'est le contraire qui est vrai ; car M. Le Dantec, laissant derechef la parole à l'observateur qui est en lui, fait usage, ici encore, d'un langage qui consacre nettement le rôle effectif des faits psychiques.... Si la doctrine mécaniste n'avait pas été condamnée à mort depuis longtemps, elle ne se serait pas relevée des coups que lui porte ici le plus fervent de ses admirateurs ».

Je fais deux parts dans cette argumentation de M. Vignon : l'une, contre laquelle je m'inscris en faux, c'est que l'échec d'un essai tenté par un moniste pour expliquer, en langage moniste, un phénomène biologique, puisse porter atteinte à la solidité de la thèse moniste elle-même ; de ceci, je me suis suffisamment expliqué plus haut pour n'avoir pas besoin d'y revenir. Pour le reste, je suis tout à fait de l'avis de mon adversaire : je n'ai pas obtenu le résultat que je cherchais ; je voulais trouver, pour l'imitation, une formule mécanique, objective, analogue à celle que la *Revue de Métaphysique* me reprochait précédemment d'avoir établie pour l'instinct et l'intelligence, et je n'y ai pas réussi ; je m'en rends compte moi-même en relisant mon travail de 1900 ; il ne me procure aucune satisfaction ; j'ai voulu faire un travail moniste, et j'ai produit un mauvais mémoire psychologique. Je continue à être hanté par cette question de l'imitation, et j'entrevois une lueur du côté des phénomènes généraux d'équilibre qui m'ont permis de m'orienter au milieu des phénomènes si mystérieux de la sérothérapie[1], mais de ce que cette question n'est pas encore résolue, je n'en reste

1. Voy. *Introduction à la Pathologie générale*. Paris, Alcan, 1906.

pas moins fidèlement attaché au monisme, qui me force à la poser, et qui est indépendant des solutions plus ou moins convenables que donnent ses adeptes aux questions de détail. Je le trouve préférable au dualisme, qui prête gratuitement, à une entité inaccessible, la faculté de faire tout ce qui, dans l'activité de l'homme, est difficile à expliquer; et je suis convaincu que le monisme reste inattaquable, cantonné dans cette définition précise : « Rien ne se passe qui soit connaissable à un homme sans que se modifie quelque chose qui est susceptible de mesure ».

CHAPITRE IX

Objections de M. Jules Tannery.

§ 42.

L'un des maîtres auxquels je dois le plus, M. Jules Tannery, directeur des études scientifiques à l'École Normale supérieure, a publié récemment, dans la *Revue du mois*, une critique très serrée des théories monistes et, en particulier, de la conscience épiphénomène. Ayant surtout en vue, dans cette critique, mon exposé du système déterministe, il a donné à son article la forme d'une lettre qui m'est adressée. J'ai demandé à mon maître l'autorisation de reproduire intégralement ici cet excellent morceau de bonne littérature scientifique.

J'avais même songé à en faire la préface de mon livre, mais cela m'aurait donné l'air d'un déserteur du monisme; je suis heureux de discuter avec courtoisie et de reproduire *in extenso* l'argumentation d'un contradicteur courtois, mais je reste plus moniste que jamais.

§ 43. — L'ADAPTATION DE LA PENSÉE[1]

« Mon cher ami,

« Vous savez quel plaisir j'ai à vous lire ; vous êtes de ces rares amis dont la parole imprimée évoque chez moi le souvenir des intonations familières. En vous lisant, je vous écoute. Si vos opinions me troublent et me choquent parfois, elles ne me fâchent point ; et, comment le feraient-elles? Ne résultent-elles point d'un enchaînement de causes auquel personne ne peut rien, vous moins qu'un autre, tant vous êtes sûr que cet enchaînement est nécessaire? Et puis la belle franchise, la belle clarté avec lesquelles vous les exprimez y mettent une apparence de joie, dont il est peut-être sage de se contenter.

« Je me suis souvent demandé comment vous, qui professez que nous ne connaissons pas les choses, mais seulement notre propre conscience et les modifications qu'y apporte le monde extérieur, vous pouviez vous plaire à rabaisser la pensée, à la regarder comme quelque « épiphénomène » sans importance, dont la suppression

1. *Revue du mois,* 10 août 1906.

n'apporterait pas grand changement dans l'Univers. Je n'ai pas besoin de vous dire que j'ai, sur la relativité de nos connaissances, la même opinion que vous : même, je m'étonne de ceux qui sont capables de comprendre cette doctrine, sans que son évidence les pénètre tout de suite : elle m'incline à regarder la pensée comme très essentielle.

« Je vous fais grâce d'un développement sur cet Univers, où ne brillerait aucun soleil, où la mer et le vent ne mugiraient pas, et qui serait comme s'il n'était pas. Vous n'aurez point de peine à faire philosopher M. de la Palisse sur ce beau sujet, qui prête à l'éloquence. Mais, si je ne connais que ma pensée, ma pensée seule peut m'intéresser : cela me chagrine qu'on la rapetisse, et qu'on la traite d'épiphénomène. J'ai désiré souvent causer avec vous de ce chagrin : les vacances passées ensemble « au fond d'un golfe plein d'îlots » ne se sont pas retrouvées. Comme elles sont loin et près ! N'y a-t-il pas vingt ans ?

« Ah ! les longues et belles causeries que nous avons eues, couchés sur l'herbe dans un repli de la falaise, humant les bonnes senteurs de la mer, regardant courir les nuages, souriant à nos idées qui courent aussi et cherchent à se rattraper ! Mais ne croyez pas que ces vacances-là soient les seules que j'aie passées avec vous ; j'avais vos livres, qui sont pour moi des livres de vacances : les voici, tout salis de coups de crayon, de notes marginales que j'ai parfois grand'peine à relire, ou bourrés de petits papiers ; je ne veux pas les rouvrir : je m'y plongerais de nouveau, j'y griffonnerais de nouvelles notes, et je renverrais à je ne sais quand cette lettre que je vous ai promise. Oui, j'ai beaucoup causé avec vous, silencieusement. Voici que j'ai fermé votre livre pour me promener ; j'entame la conversation en grimpant quelque sentier ; je la continue, assis sur une pierre ; j'attends avec vous la minute glorieuse pour laquelle je suis venu jusqu'ici : le soleil a disparu derrière les cimes de l'ouest ; dans un instant, très haut dans le ciel, bien au-dessus des nuages qui se traînent sur les montagnes violettes, ses rayons vont faire surgir le glacier que je surveille et qui resplendira dans la lumière. Lorsque la gloire s'est éteinte, et que les neiges lointaines sont devenues tristes et livides, je reprends la causerie, tout en dévalant rapidement sur la route, pour me réchauffer et ne pas arriver en retard au dîner de famille, dont le menu commence à préoccuper mon estomac vide.

« Votre livre sur les *Lois Naturelles* m'a un peu expliqué ce qui m'étonnait dans votre opinion : « Il ne faut pas, dites-vous, nous faire illusion sur notre pensée et notre science : elles sont à notre taille. » Je le veux bien ; mais je ne sais pas trop où je commence et où je finis, et si je n'embrasse pas tout ce que je pense. Me voilà bien grandi et je grandis en pensant et en sachant davantage. Au fait, j'ai lu récemment, à la quatrième page d'un journal, qu'on pouvait acquérir encore quelques centimètres, même après cinquante ans ; ils sont bien passés.

« Vous avez pris pour épigraphe une « matière de bréviaire » que vous avez traduite assez librement : *souviens-toi que tu es dans la nature*. Cela, je ne l'ai pas oublié, mais je crois aussi que la nature est en moi. Il m'a paru qu'en nous rappelant le milieu où nous sommes plongés, vous nous distinguez trop de ce milieu ; il n'y a pas le milieu et nous, mais ce qui est, que nous pensons et qui pense par nous. Donc, sur ce point, je suis, s'il est possible, de votre avis, plus que vous-même. Encore ne suis-je pas sûr que mon reproche soit juste, car, malgré mes efforts, sûrement, j'encourrai moi-même ce reproche que je vous adresse, tant il est impossible de parler sans faire cette distinction que je blâme.

« Vous avez une manière que je goûte fort, de présenter nos titres de noblesse, que vous retrouvez dans la longue série de nos ancêtres. Tous ces ancêtres, hommes, animaux supérieurs ou inférieurs, jusqu'à ces êtres où la vie se distingue à peine, tous, mâles et femelles, et ceux mêmes, s'il y en a eu, qui appartenaient à votre troisième sexe, ont eu ce mérite singulier *de vivre*, dont Siéyès s'est fait jadis un titre de gloire ; et ce n'est pas un mince mérite, car ils ont assurément traversé des périodes plus difficiles encore que n'a fait Siéyès : ils ont su vivre au moins jusqu'à l'âge où ils se sont reproduits. Nous avons, derrière nous, des millions d'années et, en nous, l'expérience de milliers de siècles. N'est-ce rien, cela, et ne nous consolerons-nous pas aisément, si nous n'arrivons pas à retrouver le nom de nos grands-parents d'avant-hier, de ceux qui vivaient au temps des croisades? Tous ces êtres qui nous ont précédés étaient adaptés au milieu où ils vivaient, assez adaptés pour pouvoir vivre et se reproduire ; ils ont acquis les forces, les ruses, les armes nécessaires, et nous ont transmis le trésor qu'ils avaient reçu et qu'ils ont grossi peu à peu. Ceux qui n'ont pas su prendre l'usage du monde (extérieur), qui n'ont pas su s'adapter aux choses, ont disparu sans laisser de traces; ils n'ont point de descendants inquiets, qui philosophent et qui se posent des questions. Nous sommes des élus; voilà de quoi nous rendre très précieux à nous-mêmes ; je pense avec satisfaction à cette lignée d'aïeux et au mérite qu'ils se sont acquis en vivant. Je vais tâcher de les imiter encore un peu. J'accepte très bien votre façon d'exalter notre dignité.

« Mais voici que vous rabattez mon orgueil. Qu'est-ce que tout cela prouve, sinon que nous sommes des êtres *possibles?* Notre connaissance du monde extérieur n'a de valeur qu'une valeur pratique ; elle nous aide à nous continuer ; notre longue expérience n'est que l'expérience de ce qui nous est utile ou nuisible ; seule, cette expérience-là a pu se répéter assez de fois pour nous modifier et nous instruire ; nos sens ont eu beau se spécialiser et s'affiner, ils ne pénètrent qu'une infime partie de la réalité, celle que nous avons besoin d'explorer, afin d'y vivre ; ils nous laissent ignorer tout ce qui n'est pas indispensable à notre continuation ; cette science, dont nous sommes si fiers, fondée sur une expérience pratique, construite avec nos sens, qui sont des instruments pratiques, n'a aucune valeur en tant que théorie.

« J'aurai, là-dessus, bien des réserves à faire ; j'en aurais davantage encore si je croyais fermement, comme vous, à une absolue connexion entre les phénomènes, puisque, alors, la connaissance d'une partie pourrait conduire à la connaissance du tout, et la connaissance de ce qui nous est utile à la connaissance du reste : mais, en passant, je veux me réjouir un instant avec vous du nombre et de la diversité de ceux qui prétendent n'accorder à la science qu'une valeur d'utilité : il y a vous, qui aimez passionnément cette science et qui lui avez donné votre vie tout entière ; il y a ceux qui méprisent ce qui est utile aux autres, et qui versent des larmes sur la décadence des études désintéressées, dont ils ont vécu ; il y a encore les néo-positivistes, qui sont des gens distingués et savants dont je pense beaucoup de bien, mais qui ne seraient peut-être pas fâchés de ruiner la science au profit de ces raisons du cœur que la raison ne connaît pas. Cela m'amuse extraordinairement de vous voir dans cette compagnie. Mais laissons cela : je ne veux pas imiter ces députés qui, lorsqu'un collègue se lève à leur côté pour prononcer une parole de bon sens et de courage, ne trouvent pas d'autre réponse à lui faire que de montrer les adversaires qui l'applaudissent. Vous aimez trop la vérité, si vous aviez des ennemis, pour ne pas la reconnaître et l'aimer chez eux. Et, ni les néo-positivistes, ni les vieux professeurs qui continuent leur flirt avec l'antiquité ne sont vos ennemis. Je me figure que vous n'en avez pas.

« Voulez-vous que nous revenions à nos ancêtres ?

« Il y a bien longtemps que la pensée s'est éveillée chez eux, toute petite, chétive, obscure et tremblotante ; on ne sait comment ; elle s'est « frottée aux choses » ; il est assez étonnant que ce frottement contre les aspérités des choses n'en ait point fait quelque galet informe, et qu'il ait su, au contraire, en la détruisant sans pitié quand elle ne valait rien, réussir à la compliquer si singulièrement et à la rendre si diverse ; mais ne passons point le temps à nous émerveiller : nous n'en finirions pas. Les perfectionnements acquis ou réalisés par les individus se transmettent quelquefois à leurs descendants et se fixent dans les espèces. Admettons-le. Les perfectionnements s'ajoutent, parce que les individus moins imparfaits ont plus de chances pour survivre. Je l'entends ainsi. Petit à petit, la mémoire consciente, l'adaptation des actes au but, le raisonnement, la raison apparaissent. Sans doute, ni vous, ni moi, nous n'avons nulle idée de la façon dont tout cela s'est fait; mais, n'importe, il m'est commode d'imaginer que les choses se sont passées ainsi, et, pour en être persuadé, vous avez de meilleures raisons que moi, tirées de votre savoir. Pour moi, je me laisse prendre par la séduction des hypothèses que vous développez. Pourquoi me séduisent-elles? A cause de la *manie de la continuité*, de cette maladie qu'Hermite, notre commun maître, dénonçait avec une vigueur si amusante, chez la plupart de ceux qui s'occupent de mathématiques, et qui ne s'attachent qu'aux fonctions continues; vous vous rappelez qu'il rendait les mathématiciens responsables de tous les méfaits des naturalistes : c'est les mathématiciens qui ont commencé.

« Dans ce long frottement que vous décrivez, du monde extérieur sur la pensée de nos ancêtres, dans ce travail où l'ouvrier (c'est le monde extérieur) rejette les échantillons imparfaits et parvient, à force de temps et d'essais manqués, à construire l'organisme compliqué qui est le nôtre, il me semble que vous négligez trop la pensée elle-même ; qu'est-elle pour avoir supporté ce merveilleux travail? Sur quoi ce travail s'est-il exercé? Il ne me suffit pas que vous appeliez épiphénomène ce je ne sais quoi : il est quelque chose. Lui aussi est dans la nature, il est au moins une possibilité de ce qui est ; il est capable d'exister et de se manifester à sa façon, de s'adapter aux choses et d'y pénétrer ; s'il n'est pas distinct du monde extérieur, il en est une activité propre qui ne ressemble pas aux autres ; c'est cette activité propre que je ne vois nullement dans votre livre. Je ne vous demande pas de la définir ; tout ce que vous savez n'y suffirait pas. Je regrette que vous la teniez cachée, que la pensée, dans son développement, apparaisse toujours passive et ne se perfectionnant que par l'action de ce qui n'est pas elle : j'imagine qu'elle n'est pas pour rien dans son propre perfectionnement.

« Les êtres vivants et pensant (tant soit peu), d'où nous sommes sortis, avaient au moins une propriété qui ressort de ce que vous dites : ils se reproduisaient dans des êtres qui gardaient quelque chose de leurs aïeux et qui en étaient différents ; une plus grande complication, un progrès, étaient possibles dans la descendance, puisque l'une et l'autre se sont produits. Eh bien ! Cette possibilité, cette puissance de variation et de progrès me paraissent au fond plus essentielles que le rôle négatif joué par le monde extérieur. Imaginons un monde (vous appellerez cela de l'imagination « verbale »), un monde où les causes de destruction n'agissent pas, mais où les êtres vivants ont cette propriété de se diversifier et de progresser dans leurs descendants, et de leur léguer les qualités acquises. Parmi les milliasses d'individus médiocres qui se produiront et se reproduiront, naîtront dans notre monde, des êtres supérieurs ; car enfin, pour être conséquent avec mon hypothèse, je ne dois pas supposer que la supériorité de ces êtres-là, soit une raison pour qu'ils soient éliminés et ne se reproduisent pas. Vous me direz que c'est en cherchant à échapper aux causes de destruction que les êtres vivants se perfectionnent ; je le veux bien ; mais, d'une part, cet effort est en eux, plus que dans la pression des causes destructives, et, d'autre part, si celles-ci ont pu accélérer le progrès, ce n'est pas elles, en tant que causes destructives, qui ont créé la variation : j'accumulerai les millions de siècles, si vous voulez ; vous autres messieurs, ne vous gênez pas là-dessus, j'ai le droit d'imaginer que le progrès finisse par se réaliser, que l'homme apparaisse et même le surhomme.

« Au fait, dans notre monde réel, ceux qui étaient capables de donner naissance au surhomme et à la surfemme ont peut-être disparu sans laisser de descendants. Vous savez que certaines supériorités, qui ne viennent pas à la bonne heure, sont funestes à ceux qui les possèdent. A ce sujet, des âmes tendres et distinguées ont versé beaucoup de larmes dans leurs encriers. Voir Alfred de Vigny et autres romantiques, *passim*. Ou peut-être les parents de ces ancêtres en puissance ont-ils accommodé l'un pour la chapelle Sixtine, ou enfermé l'autre dans un cloître? Dans mon univers, ou chacun vivrait et se reproduirait, l'ancêtre du surhomme aurait eu des enfants, qui auraient engendré de petits surhommes; il y aurait aujourd'hui de grands surhommes, qui mèneraient le monde; mais que de sots à gouverner! J'en suis épouvanté. Les bienfaisantes causes de destruction nous ont épargné les surhommes et une partie des imbéciles.

« Ne vous fâchez pas : je vais essayer d'être sérieux. Vous admettez sans doute, chez les êtres vivants, la possibilité d'évoluer dans leurs descendants, d'évoluer en progressant; mais vous insistez sur le rôle bienfaisant des causes de destruction pour corriger les mauvais effets du hasard. S'il y a une tendance, de nature très inconnue, à la production de descendants qui diffèrent des parents, si les variations du milieu s'ajoutent à cette tendance à la différentiation, est-il donc si clair qu'elle doive s'exercer au hasard et produire toutes les diversités possibles, entre lesquelles les causes de destruction choisiront? Pourquoi êtes-vous sûr que ce n'est pas cette tendance elle-même qui choisit le sens dans lequel elle veut se développer?

« Essayons de retracer quelques traits d'une histoire que nous ne savons ni l'un, ni l'autre. Vous avez trop conscience de notre double ignorance pour ne pas excuser les pauvretés que je dirai : Si vous voulez être très indulgent, vous tiendrez compte de la difficulté que vous avez si bien mise en lumière (et que je sentais fortement en écrivant, ma dernière phrase), de la nécessité de se servir du langage *humain*, où nous nous sentons empêtrés quand nous essayons de nous dégager du réalisme naïf qui a présidé à sa formation.

« Commençons par la sensation : c'est bien avant le déluge. Où apparaît-elle dans la série animale? En avez-vous saisi la trace dans les êtres inférieurs que vous vous plaisez à étudier? Pour qu'elle aboutisse à la mémoire, sans laquelle un commencement de conscience est impossible, il faut que l'être vivant qui a éprouvé une sensation ait été modifié par cette sensation, qu'il ne soit plus le même qu'avant de l'avoir éprouvée, que cette modification lui permettra de reconnaître une sensation déjà éprouvée, et qu'un lien, une certaine unité, s'établissent entre les sensations successives.

« L'individu se distingue, ou croit se distinguer, de ce qui n'est pas lui : il coordonne ses sensations et ses mouvements, il devient capable de reconnaître et de saisir une proie, de s'assimiler ce qui n'est pas lui. Non seulement la mémoire s'est créée, la mémoire consciente, mais aussi l'habitude, qui est comme une mémoire inconsciente. Et cette habitude a pénétré et modifié si profondément l'être vivant qu'elle se transmet à ses descendants : ceux-ci retrouveront rapidement ce que savait l'ancêtre et ils l'accroîtront quelquefois. Pourquoi voulez-vous que la pensée elle-même ne soit pour rien dans tout ce travail, que vous sentez bien que je suis incapable d'analyser, mais où je soupçonne une prodigieuse activité, une activité toute différente de ce que je connais des phénomènes mécaniques ou physico-chimiques? Je ne dis pas que ce travail soit indépendant de ces phénomènes; je ne sais s'il y a deux choses indépendantes; mais s'il est lié à de pareils phénomènes, ces derniers ont un tout autre caractère que ce que nous entendons en les nommant. N'ayant jamais su, même très jeune, ce qu'est une substance, je n'irai pas vous dire que je regarde la pensée comme étant une substance distincte. Il ne me gêne nullement que vous l'appeliez matière, force, mouvement cérébral, ou d'un autre nom, pourvu que ce ne soit pas « épiphénomène ». Il ne me choque pas qu'on cherche à réaliser la vie dans un laboratoire; ce n'est pas, toutefois, un bon sujet de thèse pour les débutants. Admettons qu'on fabrique des êtres pensants, à la suite d'opérations bien déterminées : c'est alors que ce que nous appelons matière a des propriétés, des activités possibles qui ne sont pas ce que nous connaissons actuellement dans la matière. Malgré tout, je crois sentir, au fond du drame complexe qui aboutit à la formation de notre conscience, une activité qui ressemble moins aux phénomènes mécaniques qu'à ma volonté de vivre, à mon désir de plus penser et de mieux penser. Elle a été servie pas les phénomènes mécaniques, qui ont fait disparaître les résultats de tentatives infructueuses, où elle ne s'est pas épuisée.

« Voici que vient de naître un de ces admirables élus dont vous nous avez décrit la très vieille noblesse. En quelques jours, sous le coup de ses sensations répétées, s'éveillera la mémoire inconsciente que lui ont léguée ses innombrables ancêtres. Il reconnaîtra ces sensations, les distinguera, les rapprochera, les classera ; il rapportera au même objet les sensations très diverses, dont vous dites qu'elles appartiennent à des *cantons* différents ; il situera les objets dans l'espace et les phénomènes dans le temps ; il saura atteindre les uns et se rappellera les autres ; il comprendra les signes ; il apprendra le nom d'un objet particulier, il donnera un même nom à des objets dont il aura saisi les analogies ; il aura des concepts distincts. Les cadres de sa pensée sont formés d'avance ; ils se remplissent avec une facilité et une rapidité merveilleuses. L'inextricable complexité du monde extérieur se résout en concepts séparés et simplifiés. Assurément ces séparations et ces simplifications naïves fournissent une image très imparfaite de la réalité, une image pourtant qui s'y adapte assez pour que l'enfant puisse en tirer parti; les premiers linéaments de cette image sont, en quelque sorte, grossièrement dessinés en lui; c'est ce qui lui reste de sa vie antérieure, chez ses ascendants, une photographie confuse des choses qui ont posé devant eux, le plus souvent; sa vie actuelle ajoutera à ce dessin primitif d'infinies complications, de riches et éclatantes couleurs, des nuances délicates. Ses premiers concepts, séparés et simplifiés, permettront bientôt à l'enfant des ébauches de raisonnement, des syllogismes naïfs, dont les membres ne sont pas disjoints, mais où la conclusion apparaît, par une intuition immédiate, comme contenue dans les prémisses; l'attribution, à un objet particulier, d'un nom général est déjà un tel syllogisme : je vois un chêne; un chêne est un arbre; je vois un arbre.

« Ces premières connaissances tendent à s'organiser; l'enfant cherche inconsciemment à y mettre un peu d'ordre, qui se traduit par un enchaînement de mots et de phrases auquel il se plaît; à l'intérêt, d'ordinaire très dispersé, que les choses éveillent en lui, succède l'attention, qui se concentrera plus tard sur des concepts abstraits, et sur leur dépendance.

« La plupart des concepts résultent, à ce que je crois, de simplifications excessives. de séparations trop nettes : ils n'en conviennent que mieux à la logique ; qu'ils s'adaptent à peu près à la réalité, c'est ce qui est plus étonnant, quoiqu'ils aient été préparés par la pression répétée de l'expérience. Quelques-uns d'entre eux, et notamment les concepts scientifiques, sortent d'un passage à la *limite*, dont l'étrange audace m'effraie depuis longtemps. Le mathématicien raisonne sur des points, des droites et des plans qui n'existent que dans sa pensée, sur des solides parfaits, sur des fluides parfaits ; la perfection de ces solides et de ces fluides est impossible, contradictoire avec ce que nous savons de la matière. Le physicien raisonne sur des systèmes isolés ; il ne peut y avoir de pareils systèmes. Le chimiste raisonne sur des corps purs ; il n'y a pas de corps purs.

« Tout d'abord, ces concepts nous sont assurément suggérés par les objets réels ; mais nous n'y parvenons qu'en poussant jusqu'à l'infini quelque propriété que nous avons observée : nous avons observé, par exemple, des corps plus durs que d'autres ; notre pensée, d'un bond, va jusqu'au bout : elle crée le corps parfaitement solide et ce concept limite arrive à former le fond même de notre idée de la matière. Le physicien sait très bien qu'il n'y a pas de corps solide ; il n'abandonne pas pour cela cette notion : il attribue la parfaite solidité à l'atome, avec quoi il constitue la matière ; parfois, il ajoute à cette parfaite solidité de l'atome une parfaite élasticité, sans trop se soucier de savoir si ces deux qualités parfaites ne se gênent pas en s'ajoutant.

« Dire que ces concepts limites préexistent dans notre esprit, qu'ils font partie du dessin primitif qui est le résidu de la vie ancestrale, vous semblera peut-être exagéré ; mais, au moins, une certaine tendance à la formation de ces concepts limites me paraît inhérente à notre pensée telle qu'elle est par elle-même, ou telle qu'elle est devenue par la suite des testaments qui l'ont enrichie peu à peu. Cette tendance à la formation de concepts limites, infiniment éloignés de ce qui nous les suggère, me semble du même ordre que la tendance à la séparation et à la simplification que j'ai voulu indiquer un peu plus haut.

« Vous me dites que, quand je vois de loin une surface à peu près plane, dont je ne puis apercevoir les irrégularités, je vois un plan parfait ; non, je *pense* un plan parfait. La tendance dont je viens de parler est entrée en jeu ; le concept limite a surgi en moi ; j'ai comparé ce concept parfait à ce que je vois, je n'ai pas aperçu de différence. Le régulier est antérieur, dans mon esprit, à l'irrégulier, qui le suppose. Ne me répondez pas que je suis la dupe de mes habitudes de fonctionnaire en mathématiques : je crois que les choses se passent de la même manière dans la tête du petit breton qui, du haut de la falaise, regarde la mer et s'amuse de la voir tout unie, de ne pas distinguer les vagues. D'ailleurs, que savent les mathématiciens sur le plan, la ligne droite ou le point? A quoi a abouti leur long et minutieux travail d'analyse sur ces concepts fondamentaux? A proclamer l'impossibilité d'une définition, à déterminer tout au plus la façon dont il convient de parler de ces êtres indéfinissables, si l'on veut construire des phrases correctes. Ces notions préexistent dans notre pensée en puissance et, si vous voulez, comme tendance. Notre propre expérience nous les révèle. Si je suis disposé à croire, comme vous, que l'expérience ancestrale a tenu un rôle essentiel dans le développement de cette tendance, je tiens à remarquer que cette expérience n'a jamais été directe, que les animaux rudimentaires que nous pouvons compter parmi nos ancêtres n'ont pas vu ou touché plus de plans parfaits que nous ne faisons, et que l'industrie humaine réalise des formes géométriques beaucoup moins grossières que celles que nous observons dans la nature.

« Et pourquoi ces tendances, que je crois démêler obscurément dans notre pensée, n'auraient-elles pas leur principe dans cette pensée? Je ne dirai plus qu'elle a été modifiée, transformée, organisée dans les êtres vivants par le frottement et la pression du milieu où sont plongés ces êtres, je dirai qu'elle s'est modifiée, transformée, dans ce milieu, dont ils font partie et dont elle est une *qualité* essentielle. Je vous accorde tout ce que vous voudrez sur la part de l'évolution dans la formation de notre pensée; je vous accorde que l'évidence est le résultat de l'habitude de l'individu et de la race. Mais les expériences dont cette habitude est faite ne sont pas des phénomènes purs et simples; elles sont des impressions sur ce qui sera ou sur ce qui est une conscience vivante, sur des consciences reliées les unes aux autres, dont les états s'enchaînent d'une certaine façon dans l'individu et dans la race. Tous les fils de ce bureau récepteur auquel vous nous comparez, ce n'est les pas phénomènes qui les ont posés pour entrer en communication avec nous; c'est nos ancêtres qui les ont construits pour communiquer avec les phénomènes, et qui nous ont légué ce merveilleux réseau.

« Je viens de relire cette page, où j'aurais voulu montrer l'activité propre de la pensée : hélas! Comment montrer ce que je connais si mal, et mettre de l'évidence où je n'ai qu'un désir de vérité? Ce que j'ai écrit est trouble et obscur, et, peut-être, pas assez trouble et pas assez obscur; cela reflète la confusion de mes idées. A quoi bon essayer de faire mieux? J'ai aussi à m'excuser d'avoir écrit un mot qui a dû vous choquer, et qui sent la scolastique. Je connais votre horreur pour la *qualité* : au reste, là où je l'ai mis, ce mot rendait assez mal ma pensée; j'en ai cherché un autre; en vain. J'ai fini par le laisser, parce que, au fond, je ne partage pas votre haine pour la qualité. Si la qualité n'est qu'un mot, la quantité, elle aussi, n'est qu'un signe; votre *monisme* n'absorbera jamais la diversité des aspects de l'être, la multiplicité des phénomènes, la richesse infinie du vêtement de l'inconnaissable. Parce que nous essayons de construire, avec un jeu de symboles quantitatifs, un schéma qui nous représente le monde, ne prenons pas ce schéma pour la réalité, et la partition écrite, où toutes les notes sont pareilles, pour le concert des instruments et des voix. L'uniformité des notations mathématiques n'empêche pas la diversité de nos sensations : c'est des sensations qu'il faut toujours partir, à elles qu'il faut toujours revenir; mais cette digression m'entraînerait trop loin; je reviens à mon obscur sujet.

« Les concepts généraux, qui se dégagent dès nos premières années, les concepts limites qui servent de fondement aux sciences et qui ne se forment sans doute qu'un peu plus tard sont éminemment adaptés à la logique déductive. Sous le nom d'imagination verbale, vous avez signalé l'abus qu'on en peut faire; cet abus n'est pas douteux et je vous dirai tout à l'heure en quoi il me semble que vous l'exagérez et comment vos exemples ne sont pas tous bien choisis; mais, pour le moment, l'abus n'est pas en question. Vous connaissez trop la logique déductive et vous en usez trop pour en contester la valeur; j'ai déjà dit qu'on en pouvait apercevoir les traces dans des raisonnements très naïfs, dans l'intuition de l'emboîtement des concepts les uns dans les autres : une classe d'objets contient une autre classe moins générale, qui en contient une autre... qui contient des individus.

« Je ne répugne nullement à imaginer de pareilles intuitions, non seulement chez les hommes primitifs, mais même chez leurs ancêtres, ni à regarder leur évidence comme un résultat de l'habitude et le réveil de la mémoire inconsciente.

« Il est fort probable que beaucoup d'hommes appartenant même aux races qui se disent supérieures, ne dépassent guère ces intuitions immédiates et ces raisonnements naïfs; ils seraient capables d'aller plus loin, ils n'en ont pas l'occasion et peuvent se reproduire sans cela. Bien qu'on puisse trouver des intermédiaires, reconnaissons qu'il y a loin de ces intuitions à une affirmation comme celle-ci : telle proposition est impliquée dans telle autre; si celle-ci est vraie, la première est vraie aussi ; si la première est fausse, celle où elle est impliquée est fausse aussi. Vous savez aussi bien que moi le rôle que tiennent dans la science les jugements de cette sorte, la façon dont ils s'enchaînent, s'enchevêtrent et se diversifient ; vous savez aussi bien que moi l'entière évidence de ces jugements, la façon dont nous sommes obligés de nous soumettre à leur nécessité. Je suis tout à fait certain qu'il y a des nombres premiers qui, écrits dans le système décimal, auraient plus d'un millier de chiffres, qui, divisés par 4, donnent 1 pour reste et qui sont la somme des carrés de deux nombres entiers, qu'il y en a d'autres qui, divisés par 4, donnent 3 pour reste et qui ne sont point la somme de deux carrés ; je n'ai aucun doute à ce sujet ; ma certitude dépasse infiniment celle que je sens en me disant que le porte-plume avec lequel j'écris tombera sur mon bureau, si je le lâche. Eh bien ! il me paraît clair que l'évidence des raisonnements mathématiques ne résulte pas d'expériences directes, ni d'expériences que j'aie faites, ni d'expériences faites par mes ancêtres. Il se peut que mes grands-parents aient fait quelques petits raisonnements d'arithmétique en vérifiant leurs comptes qui, sans doute, n'étaient pas bien longs ; il ne faudrait probablement pas remonter très loin dans la lignée de nos ancêtres pour y trouver des gens qui n'avaient point l'idée d'un raisonnement mathématique, ou de l'implication d'une proposition dans une autre! Que pensez-vous à cet égard des anthropopithèques? Je vous en prie, ne remontez pas plus haut.

« J'insiste sur ce qu'un homme qui a reçu une éducation suffisante puise dans les raisonnements déductifs bien faits une entière conviction. Quoique la faculté de construire de tels raisonnements n'apparaisse qu'assez tard, elle est essentielle à notre pensée. A quelle habitude correspond l'évidence qui accompagne l'exercice de cette faculté? ce n'est point à une habitude *directe*. Le frottement du monde extérieur n'a pas supprimé, sans qu'ils laissassent de descendants, ceux qui construisaient mal des raisonnements, qu'ils ne construisaient pas du tout. Il a tout au plus supprimé, avec une intelligence qui m'étonne, ceux chez lesquels se développait de travers ce qui, un jour, devait être cette faculté. Je suppose bien qu'elle se préparait chez nos ancêtres quand même ils ne l'exerçaient pas. Peut-être en a-t-il été souvent ainsi : nous ignorerons probablement toujours la façon dont l'être vivant a réagi contre le milieu extérieur, comment s'élaborait en lui ce qu'il allait dévenir, comment il s'est servi, pour se défendre, des armes qu'il avait déjà et a su les adapter à de nouveaux usages. Les facultés qui se sont développées ont peut-être toujours dépassé infiniment les circonstances qui leur ont permis de se produire et de durer. A chaque moment de leur développement se préparaient des adaptations infiniment lointaines. J'imagine que nos ancêtres ont toujours pu beaucoup plus qu'ils n'ont réalisé, que nous pouvons nous-même beaucoup plus que nous ne faisons. Nous sommes des paresseux, des endormis, des timides, des tièdes ; nous ne savons pas découvrir au fond de nous le trésor des énergies futures. Il y aurait toute une morale... ; mais ce n'est pas de morale qu'il s'agit, revenons à la logique.

« Peut-être une objection vous passe-t-elle par l'esprit et pensez-vous m'attaquer sur cette évidence absolue que j'attribue aux déductions logiques ? Il n'y a rien d'absolu, direz-vous ; notre logique n'est que notre logique, à nous. D'accord ; mais vous vous refuserez comme moi à discourir sur une pensée où l'implication des propositions ne serait pas pareille à ce qu'elle est dans la nôtre ; toute discussion là-dessus est évidemment très vaine : il va sans dire que nous pensons avec notre pensée et cette évidence absolue dont il a été question ne regarde qu'elle. Je vous ai assez parlé de choses que je n'entends point ; je n'irai pas jusqu'à disserter sur une pensée qui n'aurait rien de commun avec la mienne ; il faut, pour m'amuser, que je m'imagine comprendre un peu au moins une partie de ce que j'écris.

« Au reste, je vais essayer d'aller un peu plus loin et de m'expliquer sur cette *nécessité* que nous ne pouvons nous empêcher d'attribuer aux déductions logiques. J'aurai, en même temps, l'occasion de m'arrêter sur la différence que je crois apercevoir entre la façon dont est sentie la nécessité par ceux qui sont surtout habitués aux raisonnements mathématiques et par ceux qui ont surtout l'habitude des méthodes expérimentales.

« En parlant de la nécessité des déductions logiques, je n'entends proprement que la nécessité que nous attribuons aux affirmations telles que celle-ci : la proposition A entraîne la proposition B ; si la proposition A est vraie, la proposition B est vraie aussi, je n'entends pas parler de la vérité de la proposition A, en elle-même : c'est dans l'implication seule qu'est la nécessité, non dans l'une des propositions.

« De plus en plus, les mathématiques tendent à se réduire à de pareilles implications, et à se débarrasser, à se vider de l'impure réalité ; je doute qu'elles arrivent jamais à cet état idéal d'une science « ou l'on ne sait jamais de quoi on parle, ni si ce qu'on dit est vrai », mais, qu'elles y tendent, cela est manifeste. On m'a raconté récemment qu'il y a déjà, dans un pays moins rétrograde que le nôtre, un traité de géométrie élémentaire qui commence par cette phrase : « Peu importe ce qu'on appelle point, droite, plan... » Au moins, cher ami, n'allez pas raconter que j'approuve ce début : il ne manquerait pas de gens sensés qui m'obligeraient à donner ma démission. Quoi qu'il en soit, en mathématiques, l'implication des propositions les unes dans les autres est seule nécessaire. Il suit de là que leur nécessité n'est que dans notre pensée et ne regarde en rien les choses. Quant au possible, c'est simplement, pour le mathématicien, ce qui n'implique pas contradiction dans les termes.

« Le point de vue de l'expérimentateur est très différent : tout d'abord, il admet sans contestation que ce qui s'est passé dans certaines conditions se reproduira à peu près dans des conditions analogues ; il qualifie de nécessaire cette répétition des phénomènes ; sans qu'il s'explique sur le sens de cette nécessité, il la met dans les choses, non en lui. Peu à peu, il tend à confondre le réel, en tant qu'il est connu, avec le nécessaire. Il qualifie de possibles les événements qu'il prévoit imparfaitement, d'impossible ce qui ne s'est jamais vu, et ne se verra pas. Il acquiert, des phénomènes qu'il étudie, une habitude qui joue un rôle analogue à celui du *bon sens* dans la conduite de la vie : le *bon sens* n'a pas de place en mathématiques. D'autre part, il arrive à condenser des groupes de phénomènes en lois, qui sont parfois susceptibles d'un énoncé mathématique, et qui se prêtent ainsi au raisonnement déductif, en les supposant vraies. Il confond alors la nécessité propre au raisonnement déductif avec cette nécessité qu'il s'est habitué à mettre dans les choses. Ce qu'il appelle une démonstration est, d'ordinaire, un mélange de déductions mathématiques et d'inductions tirées de ce précieux *bon sens* qu'il a acquis et qu'il partage avec ceux qui ont les mêmes habitudes que lui : pour ses collègues en bon sens, sa démonstration est convaincante. L'insupportable mathématicien demande qu'on lui expose clairement et d'abord les postulats et les hypothèses : il prétend qu'on n'oublie rien; il se fâche et menace de s'en aller si, au courant de la démonstration, on fait intervenir quelque chose qui n'a pas été convenu, afin de remplacer ou de renforcer un chaînon qui manque dans la déduction. Notez que c'est le physicien qui a raison, puisque sa science progresse; le mathématicien, avec ses exigences et son défaut de *bon sens*, n'arrivera à rien. Le pédant qu'il est, exige qu'une science soit faite, quand elle est en train de se faire; mais j'observe que pour les uns et les autres, les mots *nécessaire*, *possible*, *impossible*, *absurde*, n'ont pas la même signification.

« Par exemple, un être qui vit et qui pense dans un espace à deux dimensions vous semble impossible, absurde...; c'est pour vous un produit de l'*imagination verbale*; pourquoi? Parce que vous êtes bien sûr de ne le rencontrer jamais. Je ne crains, non plus que vous, cette étrange rencontre; mais il ne me gêne pas de parler de cet être-là, après dîner. (Nous n'avons pas dîné ensemble depuis longtemps, je vous préviens que je ne bois guère que de l'eau). Un être qui pense sans un cerveau vivant, quelle absurdité! « Changez, s'il vous plaît, cette façon de parler », et dites seulement que la pensée ne se manifeste à nous que dans des êtres qui ont un cerveau vivant. Si, par suite de cette maladie dont je vous ai parlé et que les aliénistes n'ont pas encore nommée, dans un accès de la manie de la continuité, je me plais à imaginer qu'il y a de la pensée partout, sans que je m'en aperçoive, il ne faut pas vous irriter, ni prétendre me faire enfermer. Entre la pensée et l'absence du cerveau, je ne vois pas de contradiction dans les termes, et cela suffit pour que je sois libre de m'amuser au roman de l'être à deux dimensions.

« Permettez-moi, par un autre exemple, de vous montrer la différence des points de vue : vous reprochez aux mathématiciens leurs spéculations sur l'infiniment petit : que savent-ils donc de l'espace infiniment petit ou infiniment grand pour se permettre d'affirmer que les propriétés observées sur des dessins qui sont « à leur mesure » se conservent dans des figures infiniment petites ou infiniment grandes? Que savent-ils de l'espace *réel*? Rien du tout, mon cher ami, pas même (s'il y en a un) de celui qui est à leur mesure : c'est vous qui vous préoccupez du réel, vous et vos confrères, et vous avez bien raison, car c'est grâce à vous autres que nous arrivons à le connaître, à le faire entrer dans notre pensée, à le maîtriser; mais les mathématiciens?... Ils ont posé un espace qui jouit de certaines propriétés, et ils se plaisent à poursuivre les conséquences de ces propriétés. Que leurs spéculations sur le fini ou l'infini s'appliquent au réel, j'en suis émerveillé; c'est un fait devant lequel il faut bien nous incliner tous les deux. Voyez-y, s'il vous plaît, la bienfaisante influence des causes destructives. En spéculant sur les figures infiniment petites, les mathématiciens ont créé l'admirable instrument que vous connaissez et qui, en astronomie notamment, leur a rendu des services incontestables. Pour le moment je n'attribue pas la même importance aux spéculations sur l'homme à deux dimensions.

« Revenons à la nécessité des physiciens; vous savez combien le sujet m'a toujours préoccupé et vous vous étonneriez si je ne m'y arrêtais pas; vous m'accuseriez peut-être de quelque lâcheté; vous auriez tort : la vérité est que je veux, en passant, dire son fait au déterminisme.

« Au fond des sciences expérimentales, il y a un postulat indispensable, qui est pleinement justifié par leurs succès et dont, bien entendu, je ne contesterai pas la valeur : c'est que chaque phénomène est déterminé par quelques phénomènes, en petit nombre, en ce sens que la connaissance approximative de ceux-ci suffit à la connaissance approximative de ceux-là.

« Loin d'impliquer la dépendance mutuelle de tous les phénomènes, la science expérimentale suppose que chaque phénomène est à peu près indépendant de l'infinité des autres phénomènes. Quel est le chimiste qui pense à la latitude ou à la longitude de son laboratoire et qui ne croira pas que je me moque de lui si je vais lui soutenir que la réaction qu'il étudie peut bien réussir le mardi, et non le jeudi? Le droit qu'il a d'éliminer presque tout de ce qu'il appelle les circonstances de son phénomène est capital pour le savant : c'est le *bon sens* (le bon sens du chimiste) qui, pour lui, légitime et fonde ce droit.

« Je dois être sincère et corriger ce qu'il y a d'excessif dans mon affirmation que les sciences expérimentales postulent plutôt l'indépendance des phénomènes que leur dépendance mutuelle; il me faut bien reconnaître que le nombre des circonstances dont dépend pour nous la connaissance d'un phénomène augmente singulièrement avec la précision de cette connaissance. En dépit de cette concession, que je vous fais avec mauvaise humeur, la notion d'un déterminisme total me semble une de ces notions limites, comme le solide parfait, le fluide parfait, qui sont commodes sans doute, mais dont il ne faut pas être les dupes.

« J'ajoute qu'on ne me paraît pas faire assez attention à la relativité de cette notion : rien n'échappe à la relativité. Le déterminisme suppose une pensée ; c'est pour une pensée que les choses sont déterminées. Les choses sont déterminées, cela veut dire : il est possible de connaître les choses. Le déterminisme en soi, tout seul, n'a pas de sens. Veut-on dire, en affirmant le déterminisme, que les choses se sont passées, se passent et se passeront de telle façon ? C'est une pure niaiserie, que je ne vous prête pas. Non, il faut entendre : les choses se passeront d'une façon certaine. Certaine pour qui ? Pour un être pensant. Tout est connaissable, intelligible, tout peut être objet de pensée.

« Quelques-uns se sont plu à imaginer les lois naturelles comme impliquées les unes dans les autres, à la façon des propositions mathématiques, et dominées par un système de formules qui les contiendrait toutes. Qu'est-ce qu'une formule, sinon un assemblage de signes ? Et des signes sont moins que rien s'ils ne sont pas pensés.

« Je ne veux pas du tout discuter ces conclusions, ou ces hypothèses. Mais elles me ramènent à mon point de départ. Si elles sont vraies, le bel épiphénomène que la pensée ! Et vraiment vous avez eu tort de railler la petitesse de notre taille ; je pose à nouveau ma question du début : sommes-nous distincts de ce que nous pensons, et en quoi ? Voici que nous embrassons le système solaire ;

nous le pensons ou il se pense en nous; assurément nous connaissons mal ce système solaire qui est en nous et que nous sommes; mais, d'un autre côté, voici que nous commençons à compter et à mesurer les atomes que nous ne verrons jamais. Du système solaire, nous passerons à la voie lactée, et, de l'autre côté, nous atteindrons les propriétés de l'atome. La voie lactée, la molécule matérielle, la cellule vivante, prendront en nous conscience de ce qu'elles sont. En nous, les hommes, la conscience obscure que nous avons les uns des autres s'illuminera. Tout cela n'est pas bien sûr: mais faisons notre possible pour que « l'essai ne manque pas par notre faute », et puissent nos descendants parvenir au paradis de M. Poincaré, où ils s'abîmeront dans la contemplation de la vérité. *Amen!*

« En tout cas, nous voici déjà loin de ce qui est indispensable à notre continuation immédiate et à notre reproduction; n'approchons-nous pas de ce qui servira à la lointaine continuation de notre race? Que l'expérience de nos ancêtres ait fortifié, compliqué, affiné la correspondance entre les choses et nous, que cette correspondance se soit développée dans le sens de l'utilité, c'est entendu; mais je suis porté à croire, par ce que nous observons, que l'utilité immédiate a été constamment dépassée, et qu'elle tend à l'être infiniment; et cela, en vertu de ce qu'est actuellement notre pensée, de ce qu'elle veut et cherche.

« Au reste, pour ce qui est de la science, j'imagine, malgré tout, que vous êtes de mon avis ; votre vie et vos travaux le prouvent assez. La science ne se propose même pas la recherche directe de ce qui est utile à l'humanité : son but véritable est la connaissance pure, où ses disciples trouvent une joie qui vous est familière. Qu'elle atteigne parfois ce qui est utile à notre race, ce n'est pas pour en diminuer la valeur, c'est une bonne confirmation de ses résultats et une preuve qu'elle se développe dans le sens d'une adaptation plus parfaite de notre pensée aux choses ; nous ne reprocherons pas à Pasteur de s'être réjoui parce qu'il avait diminué quelques souffrances. Au reste, pour prendre sa pleine vitesse de développement, la science a besoin de nombreux efforts qui ne seront possibles et ne pourront se coordonner que dans une humanité délivrée d'une partie des soucis et des misères qui l'accablent, dans une humanité où la joie de penser à autre chose qu'au pain quotidien ne sera plus le privilège de quelques rares individus. C'est de la science que j'espère, pour des périodes éloignées, cette libération de nos arrière-petits-enfants, et je compte sur la pensée pour réaliser des changements matériels dans ce monde.

« Je m'aperçois, mon cher ami, que je me suis

laissé aller à la manie des gens qui racontent leurs rêves ; j'y ai pris grand plaisir, et cela suffira à m'excuser à vos yeux, car je sais que vous aimez le rêveur, qui vous est bien affectueusement dévoué.

« JULES TANNERY. »

CHAPITRE X

Réponse à M. Jules Tannery[1].

§ 44. — QUI SERVIRA DE RÉSUMÉ A LA TROISIÈME PARTIE

Cela vous chagrine, dites-vous, mon cher maître, que je *rapetisse* votre pensée en la traitant d'épiphénomène ; je pourrais me défendre immédiatement de ce crime de lèse-majesté ; je ne refuse pas la dignité de phénomène à votre pensée elle-même ; elle joue dans le monde un rôle évident, et a exercé, en particulier, sur mon développement intellectuel, une influence dont je me féliciterai toujours. Votre pensée est donc un phénomène ; la mienne aussi, qui, par certains côtés au moins, est fille de la vôtre, quoique nos opinions ne s'accordent pas souvent.

L'épiphénomène sans importance (pour tout autre que vous), c'est le fait que vous avez cons-

1. *Revue du mois*, 10 octobre 1906.

24.

cience de ce phénomène de premier ordre qu'est votre pensée. Vous avez agi sur moi par des phénomènes, et il m'est indifférent que vous ayez été conscient de ces phénomènes ; je n'en suis pas sûr d'ailleurs et je n'ai aucun moyen de m'en assurer ; je n'aurai jamais, scientifiquement, le droit de l'affirmer ou de le nier ; cela n'a donc aucune importance, et j'essaierai de vous en convaincre tout à l'heure.

Pour le moment, laissez-moi déplorer avec vous que notre conscience ne soit que ce qu'elle est ; cela me chagrine autant que vous-même, mais ce chagrin ne va pas sans quelque compensation.

Voltaire raconte qu'un crocheteur borgne, ayant bu de l'eau-de-vie, fit un rêve délicieux : transformé en prince charmant, il éprouvait une passion violente pour la plus accomplie des princesses et le lui démontrait de toutes ses forces, à la manière des crocheteurs. Tiré brusquement de son sommeil, Mesrour se retrouva crocheteur et borgne comme devant, et il en eût beaucoup de chagrin. Peut-être eût-il connu, s'il avait rêvé plus longtemps, que les pénibles devoirs des princes et les douloureuses coquetteries des princesses rendent souvent enviable aux puissants l'humilité insouciante du crocheteur ; il s'éveilla trop tôt et n'eût que du regret, sans compensation aucune : il se remit donc à boire de l'eau-de-vie.

J'ai vécu, toute ma jeunesse, un rêve analogue

à celui du crocheteur Mesrour. J'ai cru (et ceux qui m'entouraient le croyaient de même, chacun pour son compte ; je pense qu'ils le croient encore), j'ai cru être durable et puissant ; j'ai cru que j'introduisais dans le monde des commencements absolus ; j'ai cru que j'étais en dehors du monde et au-dessus. Ce rêve flattait ma vanité naturelle, mais, en revanche, quelles responsabilités ! quels soucis ! C'est vous, mon cher maître, qui, avec Emile Lacour, avez contribué à m'éveiller ; vous m'avez appris à ne pas me payer de mots et à définir tous ceux que j'emploie ; vous m'avez enseigné la précision du langage, et c'est de là qu'est venu tout le mal ! En essayant de me rendre compte des choses, j'ai compris que l'homme est victime d'erreurs sans nombre. Au lieu d'un être puissant et créateur, je ne trouve plus en moi qu'un misérable transformateur d'énergie, transformateur caduc qui se transforme lui-même sans cesse. Adieu l'immutabilité ! adieu l'individualité, la personnalité, le mérite, la gloire ! Adieu tous les principes, toutes les chimères qui ont embelli ma jeunesse ; mais adieu aussi les craintes, les tortures inséparables du pouvoir.

Y a-t-il compensation parfaite ? Je n'oserais l'affirmer. Si l'on me donnait à choisir entre ce que je suis et ce que j'ai cru être, j'hésiterais peut-être longtemps ; c'est que, depuis quinze ans, je me suis fait à mon nouvel état, et j'ai apprécié l'humilité de ma condition d'homme ; cependant j'avoue que le rêve avait du bon ; vous l'aimez, ce rêve dont vous m'avez tiré, et vous voulez continuer de dormir ! M'avez-vous éveillé en rêvant haut ?

En lisant votre plaidoyer pour la conscience active, je n'ai pu m'empêcher de subir le charme de votre langue harmonieuse ; si je savais écrire comme vous, je vous convaincrais aisément, car, n'en doutez pas, mon cher maître, ma cause est meilleure que la vôtre ; prêtez-moi seulement votre plume et vous verrez !

Et d'abord, ma suspicion s'éveille dès le début, parce que vous vous attendrissez sur l'humilité de la conscience épiphénomène. Si vous étiez construit de telle sorte qu'il vous fût pénible d'avouer que la somme des angles d'un triangle est égale à deux droits, ne feriez-vous pas bon marché de votre sensibilité, et n'enseigneriez-vous pas loyalement à vos élèves la vérité euclidienne ? Faisons, en biologie, ce que vous feriez en géométrie ; oublions, vous, la tristesse de notre néant, moi, les consolations que j'en tire ; évitons la *logique de sentiment* qui, Ribot nous l'a montré récemment, est le plus grand ennemi de cette logique pure dont vous m'avez inculqué les principes au point de me la rendre indispensable à tout jamais ; étudions la vie comme s'il ne s'agissait pas de nous, et sans nous préoccuper des conséquences qu'entraîneront pour nous-mêmes nos conclusions scientifiques. Peut-être regretterons-nous ensuite notre bonne foi; peut-être ferons-nous notre « mea culpa » en répétant, une fois encore, avec M. de Gourmont : « Ce qu'il y a de terrible quand on cherche la vérité c'est qu'on la trouve ». Tant pis pour vous! il ne fallait pas m'enseigner la logique.

***

« Je ne sais pas trop, dites-vous, où je commence et où je finis, et si je n'embrasse pas tout ce que je pense ». « Je crois que la nature est en moi » ajoutez-vous, et vous me reprochez d'établir une trop grande distinction entre les êtres vivants et le milieu dans lequel ils sont plongés. Je ne partage pas votre incertitude quant à la limitation de votre individu; quel que soit, son rayonnement dans l'ambiance, rayonnement tel que moi, étranger, je vous vois et vous entends, je saurais fort bien, si je conduisais une automobile, manœuvrer de manière à ne pas vous écraser. L'automobile est, comme vous, une chose *transportable* dans le milieu dont elle est distincte sans en être toutefois indépendante. Vous pouvez tous deux, l'automobile et vous, manœuvrer sans vous heurter[1], dans un milieu où néanmoins il n'est rien qui ne subisse,

1. Cette manière de parler donne aux phénomènes de *contact* une importance capitale dans la définition des corps; cette importance est justifiée.

dans une certaine mesure, l'influence de tout le reste. C'est par la *transportabilité* que je vous définis, moi observateur étranger, et cela admis, je n'ai plus d'incertitude. Vous êtes, à chaque instant, une portion d'espace limitée par un contour à l'intérieur duquel il se passe une infinité de choses curieuses dont *aucune* n'est à l'abri de l'ambiance. Si je promène une lanterne dans la rue, toute la rue en est éclairée, ce qui prouve que la rue n'est pas indépendante de la lanterne ; mais le vent peut éteindre ma lanterne, ce qui prouve que la lanterne, non plus, n'est pas indépendante de la rue ; et cependant je m'entends suffisamment quand je définis la lanterne par sa transportabilité.

Comme la lanterne, je vous définis à un certain moment par un contour transportable ; j'appelle A tout ce qui est à l'intérieur du contour, et B tout ce qui est en dehors (je dis *tout*, depuis vos plus proches voisins jusqu'à Sirius et à la voie lactée). Je crois fermement que tout ce qui se passe au moment considéré, dans l'intérieur de A est entièrement défini par A et B ; je crois en outre que rien ne se passe en A qui ne dépende de quelques-uns au moins des facteurs de B ; s'il faisait 800 degrés centigrades à l'ombre, vous ne feriez pas de mathématiques.

Ainsi donc, je ne puis parler d'aucun phénomène qui se passe en vous, sans tenir compte de l'état actuel de B. Pour être logique, je dois représenter l'ensemble des particularités dont vous êtes le siège au moment considéré par la formule symbolique :

$$A \times B$$

Au temps t_1, vous accomplissez dans le milieu B_1 un ensemble d'opérations que je résumerai, sans ambiguïté, en disant que vous avez *tanneryé* dans le milieu ; cependant que tous les autres objets transportables auront fonctionné, chacun pour son compte, suivant sa nature et dans son ambiance propre, d'une manière qui peut, pour n'importe lequel, se représenter par la formule symbolique $(A_1 \times B_1)$.

Et, un instant après, au temps t_2 si vous voulez, tout aura changé. A_1 sera devenu A_2 par le fait même de l'opération $(A_1 \times B_1)$, ce que je représente par la formule symbolique :

$$A_1 + (A_1 \times B_1) = A_2$$

Le danger est que, pour tout objet transportable, comme pour vous-même, je confondrai A_1 et A_2 *qui sont différents*, sous la même dénomination A. Je continuerai à dire *Tannery* tout court, après que vous aurez *tanneryé* en présence de B, comme avant ; et cependant vous ne serez plus le même. Je devrai écrire, pour être rigoureux, la formule symbolique :

$$\textit{Tannery}_1 + (\textit{Tannery}_1 \times B_1) = \textit{Tannery}_2$$

Et ainsi de suite. Vous voilà bien mortifié, n'est-ce pas? Mais vous avez souscrit par avance à cette formule déterministe : « Il n'y a pas, avez-vous dit, le milieu et nous, mais ce qui est, que nous pensons, et qui pense par nous ». J'englobe naturellement, avec vous, dans la formule symbolique (*Tannery* $\times$ B_1) ce qui *se pense* en vous en temps t_1. C'est là une partie du phénomène total, et je n'ai jamais cru ou dit qu'elle fût la moins importante, au contraire! Presque toutes les manifestations observables de votre activité dépendront, en effet, de ce qui *s'est pensé* en vous, c'est-à-dire que votre cerveau est la partie la plus importante de votre mécanisme. Mais que vous, *Tannery*, soyez au courant de ce qui se pense dans votre cerveau, cela m'est égal et pour cause. Si l'on vous plongeait un couteau dans le cœur, pendant que je suis tout près de vous, je ne le sentirais pas; ce qui *se sent* en vous, se sent en vous seul; je puis seulement *sentir*, à votre sujet, ce qui se passe en moi sous l'influence du rayonnement de ce qui se passe en vous; que votre rayonnement soit phonétique, visuel ou même télépathique, je ne sentirai jamais que ce qui se passe en moi; je connaîtrai, dans le langage particulier de ma conscience, une partie des phénomènes compris dans la formule symbolique : (*Le Dantec*$_1$ $\times$ B_1), avec un B_1 dans lequel il y a *Tannery*$_1$; voilà tout.

C'est là ce que j'entends en disant que la conscience est un épiphénomène.

N'êtes-vous pas de mon avis maintenant? Alors, c'est que j'ai été obscur malgré mes efforts.

Ou bien, vous croyez peut-être qu'il y a en vous des activités mystérieuses qui n'entrent pas dans la formule (A × B), et qui, néanmoins, peuvent influencer le milieu dont je fais partie. Vous rendriez donc à l'ambiance plus qu'elle ne vous a prêté ; vous feriez, comme dit M. Renouvier, des commencements absolus; vous seriez un créateur et non un transformateur. Dans ce cas, je devrais renoncer entièrement à ma conscience épiphénomène ; une conscience qui introduit dans le milieu des choses nouvelles est un phénomène, au sens étymologique du mot; personne n'en doutera; j'appelle conscience épiphénomène une conscience qui assiste impuissante au fonctionnement d'un mécanisme transformateur; et alors, je prétends que c'est le mécanisme qui est important. Je ne veux pas vous ennuyer plus longtemps avec ces considérations que j'ai développées, d'ailleurs, dans les chapitres VII et VIII de ce livre.

Que vous soyez de mon avis ou que nous couchions sur nos positions au sujet de la conscience épiphénomène, du moins aurai-je fait mon possible pour mettre en évidence le point qui reste litigieux; et j'accepterai de dire avec vous que « la nature est en vous », pourvu que cette manière de parler représente seulement l'équivalent poétique de ma formule symbolique de tout à l'heure.

***

Vous me cherchez noise, en passant, sur ce que j'ai dit que notre pensée s'est développée par suite du *frottement* de nos ancêtres contre le monde ambiant : « Il est assez étonnant, dites-vous, que ce frottement contre les aspérités des choses n'en ait pas fait quelque galet informe ». Mais c'est là précisément la caractéristique des corps vivants ! Depuis quinze ans que je cherche une définition de la vie, je n'en ai pas trouvé d'autre ; quand un corps vivant lutte contre un facteur quelconque *et continue de vivre*, il se développe par là même, au lieu de s'user comme eût fait un galet. Un corps brut qui réagit chimiquement se détruit ; un corps vivant se *construit*, au contraire, s'il réagit chimiquement dans des conditions telles qu'on doive dire qu'il a fait acte d'être vivant. C'est le phénomène d'*assimilation fonctionnelle* qui caractérise la vie ; tout le système biologique que j'ai essayé d'improviser est basé là-dessus.

Ne me demandez pas à quelle particularité de structure moléculaire est attachée cette activité assimilatrice ; je ne le sais pas, et je pense qu'on ne le saura pas de longtemps ; je soupçonne seulement que l'état colloïdal des substances vivantes n'est pas étranger à l'accomplissement de cette merveille. Mais, sans connaître le détail des choses, je ne suis pas médiocrement satisfait d'avoir remplacé par une formule unique et claire toutes les définitions vagues et contradictoires dont on a encombré jadis mon jeune cerveau.

Il est bien entendu que le mot « frottement » est employé ici dans un sens figuré ; l'aveugle de Diderot ne concevait guère d'autres moyens d'action d'un corps sur un autre ; mais nous sommes mieux outillés que lui ; le mot « réaction », le mot « lutte » valent sans doute mieux que le mot « frottement », qui a l'inconvénient d'éveiller une image trop précise.

Et cependant, même dans des cas de frottement pur et simple, il peut y avoir assimilation fonctionnelle ; si votre cordonnier vous a fait des souliers trop larges, l'épiderme de vos pieds se développera par le frottement ; vous aurez un durillon et cela vous empêchera d'oublier désormais que vous ne vous comportez pas comme un caillou.

J'aurais mauvaise grâce à insister, car vous ne faites vous-même qu'en passant la petite objection à laquelle je viens de répondre ; voici qui est plus important, et je recopie textuellement quelques lignes de votre lettre :

« Dans ce long frottement que vous décrivez, du

monde extérieur sur la pensée de nos ancêtres, dans ce travail où l'ouvrier (c'est le monde extérieur) rejette les échantillons imparfaits et parvient, à force de temps et d'essais manqués à construire l'organisme compliqué qui est le nôtre, il me semble que vous négligez trop *la pensée elle-même* ; qu'est-elle pour avoir supporté ce merveilleux travail? Pourquoi ce travail s'est-il exercé? Il ne me suffit pas que vous appeliez épiphénomène ce je ne sais quoi : il est quelque chose. Lui aussi est dans la nature, il est au moins une possibilité de ce qui est ; il est capable d'exister et de se manifester à sa façon, de s'adapter aux choses et d'y pénétrer ; s'il n'est pas distinct du monde extérieur, il en est une activité propre *qui ne ressemble pas aux autres* ; c'est cette activité propre que je ne vois nullement dans votre livre. Je ne vous demande pas de la définir, tout ce que vous savez n'y suffirait pas. »

Voilà quelques lignes qui, si je ne me surveillais, m'amèneraient à écrire tout un volume. Je tâcherai de me borner à quelques phrases ; d'ailleurs, j'ai déjà dit ailleurs à peu près tout ce que je vais vous dire, mais j'ai tant écrit et avec tant de prolixité, que malgré votre bienveillance pour moi, vous n'avez pu tout absorber.

Et d'abord, il est bien entendu que je ne traite pas d'épiphénomène la pensée c'est-à-dire le fonctionnement du cerveau, qui est au contraire, à mon avis, le plus important des phénomènes animaux ; j'ai seulement appelé épiphénomène la conscience que vous avez de votre pensée ; quand je parle de pensée, il s'agit donc naturellement du phénomène lui-même, et non du fait qu'il a ou n'a pas ce reflet intérieur, dont je me soucie peu quand il ne s'agit pas de moi, puisque je ne puis être certain qu'il existe chez les autres. L'*activité propre*, dont vous vous plaignez que je ne parle pas, se résume, pour le cerveau comme pour les bras ou les jambes, dans cette assimilation fonctionnelle à laquelle j'ai la prétention de réduire tous les phénomènes vitaux, sans exception. Cette activité propre *ne ressemble pas aux autres*, comme vous le dites, et c'est pour cela qu'elle peut définir la vie sans ambiguïté.

Dans mon premier ouvrage sérieux : « Théorie nouvelle de la vie », je ramenais tout à l'assimilation fonctionnelle ; je crois bien que je n'y prononçais même pas le nom de Darwin, et que je ne faisais pas appel une seule fois à sa « sélection naturelle » ; mais ce diable d'homme est si séduisant ! il a une manière si élégante de tourner les difficultés, que, lamarckien convaincu, j'ai été souvent darwiniste malgré moi. Je l'ai été surtout, quand je me sentais fatigué, car le darwinisme donne, sans exiger grand effort, des satisfactions malheureusement peu durables. J'ai même essayé, pour me pardonner à moi-même mes défaillances, de montrer que le darwinisme, appliqué aux plus petites unités susceptibles de variation indépendante, permet d'établir les principes de Lamarck pour les unités vivantes d'ordre supérieur. Ce n'est là, j'en ai peur, qu'un trompe l'œil ; vous me donnez l'occasion de faire ici mon « mea culpa » ; mais la chair est faible, et je retomberai peut-être un jour, par paresse, dans le piège des raisonnements darwinistes, malgré leur ressemblance inquiétante avec ceux d'un finalisme qui me fait horreur.

Tout ce que vous me dites au sujet du rôle *actif* de la pensée (j'entends du fonctionnement du cerveau) dans l'évolution des espèces, me prouve que vous êtes lamarckien comme moi. Nous sommes donc d'accord. Les considérations darwinistes permettent trop souvent d'oublier l'activité propre des substances vivantes et de raisonner comme on le ferait sur des galets ou des grains de plomb ; ils accordent trop au hasard. Lamarck nous fait comprendre au contraire l'adaptation personnelle et immédiate, sans approximations successives — ce que j'appellerai si vous voulez l'adaptation *intelligente*, car vous vous souvenez peut-être que j'ai donné de l'intelligence une définition purement objective ; je ne parle jamais que de choses objectives et ne fais pas de psychologie.

Lamarck a eu, à mon avis, le tort d'en faire, et vous auriez, je crois, une tendance à l'imiter.

Quand on étudie *objectivement* une question comme l'origine des espèces, il ne faut pas entremêler le subjectif et l'objectif; c'est là souvent un aveu d'impuissance ou un péché de paresse à la Darwin. Le lamarckisme en a d'ailleurs payé fort cher les frais; il a failli en mourir; je dirais même qu'il en est mort. On y est revenu après l'enthousiasme darwinien, et on l'a ressuscité de ses cendres; j'espère aujourd'hui qu'il est définitivement sauvé, mais il faudra pour cela qu'il s'abstienne de faire de la psychologie; je m'explique :

Les physiologistes nous ont familiarisé avec la notion de *réflexe*. Un réflexe est somme toute, un élément de l'histoire du rôle transformateur d'un organisme. C'est en des réflexes que l'on décompose le fonctionnement ($A \times B$) dont je vous parlais tout à l'heure. Le physiologiste suit ce réflexe depuis son entrée dans le contour A, jusqu'à sa sortie de ce contour sous une forme personnelle et nouvelle. Rien là que de fort acceptable; on a toujours le droit de diviser, d'analyser un phénomène complexe en des éléments simples, pourvu qu'on n'oublie pas les relations de ces éléments simples entre eux, s'ils en ont. Mais on a décomposé ces éléments eux-mêmes en trois parties, et c'est ici que le jeu devient dangereux. On distingue dans chaque réflexe une portion centripète, une portion centrale et une portion centrifuge. On le fait parce que la portion centrale s'accompagne d'épiphénomènes plus importants «éveille plus de conscience» comme on dit. Oubliez maintenant le phénomène centripète qui a préparé le phénomène central, et considérez celui-ci comme un point de départ ; il apparaîtra naturellement comme un *créateur* de mouvement, alors qu'il n'est qu'un transformateur ; comme il est conscient et que, d'autre part, on ne connaît pas dans la nature brute une seule création absolue de mouvement, votre erreur d'analyse vous conduit naturellement à la notion d'une *conscience créatrice*. Il me semble que cette manière de voir ne vous déplaît pas.

Lamarck a adopté, comme les physiologistes, cette division de l'acte animal en trois parties ; il s'est arrêté à la considération des *besoins* (traduction psychologique d'un phénomène central), et a réduit le *fonctionnement* de l'individu à la partie centrifuge des réflexes ; il a obligé ainsi le narrateur à considérer l'animal, entité créatrice, comme choisissant, d'après ses besoins, le fonctionnement nécessaire. L'observation d'un animal ne nous montre pas cela, sans une induction, peut-être dangereuse, nuisible en tout cas à la théorie qui l'exploite. Nous voyons seulement l'animal, ce qui y entre, et ce qui en sort, nous pouvons observer A, B, et (A×B) ; voilà tout. Lamarck eût gagné à ne pas décomposer le fonctionnement (A×B), à ne pas mettre en relief la partie centrale du phénomène ; mais ce n'est pas ici le lieu de faire son procès à Lamarck. L'important est que nous n'oubliions pas le rôle simultané de A et de B dans tout fonctionnement. Un fonctionnement ne peut-être dû ni à A tout seul, comme le pensent certains spiritualistes, ni à B tout seul, comme vous dites avec raison qu'on arrive à le croire en *darwinisant* trop.

***

Nous voilà d'accord, je l'espère, du moins sur ce point, car votre lettre vous inféode aux lamarckiens, dont je suis. J'arrive maintenant à la partie la plus importante de votre argumentation, à celle qui doit vous tenir le plus à cœur, parce qu'elle touche à des choses dont vous vous êtes préoccupé depuis très longtemps. Vous avez compris que je veux parler des *concepts limites*, de ces vérités mathématiques *rigoureuses* qui ont été enseignées à l'homme par des expériences *grossières*. J'ai, moi aussi, beaucoup admiré le merveilleux outil mathématique, mais je ne suis pas disposé à trouver comme vous beaucoup de mystère dans son origine. Ma formule symbolique (A×B) me servira à me faire comprendre ; je serai d'ailleurs très bref, car j'ai fait avec détail une étude analogue dans « *Les Influences ancestrales* », que vous avez lues.

J'ai pris l'habitude d'appeler *hérédité* le terme A

de ma formule; pour moi, hérédité et transportabilité, c'est tout un. J'appelle en même temps *éducation* la série complète des termes B_1, B_2...B_n qui accompagnent et conduisent, depuis sa naissance jusqu'à sa mort, l'être A_1, A_2...A_n. Les termes de ces deux séries sont réunis par la formule symbolique générale :

$$A_{m-1} + (A_{m-1} \times B_{m-1}) = A_m$$

Tannery$_2$ ressemble à *Tannery*$_1$; il a *hérité* de son prédécesseur tout ce par quoi il lui ressemble. Mais il en diffère aussi par le résultat du fonctionnement (*Tannery*$_1$ $\times$ B_1); c'est cette différence que j'appelle un caractère acquis. Ce caractère acquis, il le transporte avec lui, plus ou moins longtemps, en dehors des circonstances B_1 qui l'ont fait naître; ce peut être un tic, une habitude, une notion absolue, car les notions absolues ne sont pour moi que des caractères *fixés* dans la transportabilité d'un individu en dehors des circonstances qui les ont fait naître. Si le caractère fixé franchit les générations, s'il y a transmission au fils du caractère acquis par le père, ce sera chez le fils une qualité innée. Cette qualité peut être bonne ou mauvaise, mais elle doit avoir la *précision* qu'avait chez le père la notion dont elle est née; si le père a *cru* voir une ligne droite, le fils *imaginera* une ligne droite absolue; je ne vois pas qu'il en puisse être autrement; nous devons avoir un certain nombre de notions *précises*, par suite de la fixation, dans notre hérédité, des caractères acquis par nos parents.

De ces idées innées, beaucoup peuvent être trompeuses, mais, nous avons beau nous en apercevoir, elles subsistent néanmoins en nous. Regardez la lune, là-bas, au-dessus de l'horizon, je vous défie de ne pas vous imaginer qu'un fil à plomb, pendu *au-dessous* (?) d'elle, prendra la direction de votre *verticale*, qui est pour vous la verticale absolue[1]. Et cependant, vous savez ce qu'est une verticale, et combien relative; mais nos ancêtres ont cru trop longtemps que la Terre était plane; nous avons donc là une idée *très précise*, dont la genèse se conçoit, et qui est erronée. Pour vous rassurer au sujet de l'adaptation possible des mathématiques aux sciences physiques, je vous dirai si vous voulez que nous avons pris comme point de départ de notre géométrie ce que notre expérience nous a montré être *bon* dans les idées innées provenant de nos ancêtres; si vous voulez encore, nous appellerons *métaphysique* l'ensemble de toutes les absurdités précises qu'ils nous ont laissées en héritage; il y en a beaucoup! Mais les métaphysiciens ne seront peut-être pas contents!

A ce propos, mon cher maître, je vous avouerai que je ne partage pas votre admiration pour le

1. Voyez plus haut, § 6, l'histoire détaillée de la verticale absolue.

syllogisme. On n'a jamais tiré d'un syllogisme que ce qu'on y avait mis ; c'est un exercice de langage. Quand vous en avez énoncé les prémisses, vous avez tout dit ; le reste n'est plus que du bavardage. Mais notre langue et la manière de nous en servir sont des héritages de nos ancêtres ; je dis héritages et non hérédités, parce que ces commodités nous sont transmises, partiellement au moins, par éducation ; et c'est pour cela que ces outils, quoique bons, sont moins parfaits que ceux de la langue mathématique, dans les principes de laquelle l'éducation humaine n'a aucune part ; je me défie toujours des éducateurs ; ils raisonnent trop et font de la logique de sentiment, tandis que l'hérédité est aveugle, et nous donne des qualités entièrement bonnes ou entièrement mauvaises, comme elle les a reçues.

Vous donnez, en passant, un coup de patte au *monisme* ; je vais, à ce sujet, vous faire une niche, en me servant de votre lettre elle-même :

« Si la qualité n'est qu'un mot, dites-vous, la quantité, elle aussi, n'est qu'un signe ; votre *monisme* n'absorbera jamais la diversité des aspects de l'être, la multiplicité des phénomènes, la richesse infinie du vêtement de l'inconnaissable. Parce que nous essayons de construire, avec un jeu de symboles quantitatifs, un schéma qui nous représente le monde, ne prenons pas ce schéma pour la réalité et la partition écrite, où toutes les notes sont pareilles pour le concert des instruments et des voix ».

Eh bien ! tout ce que je connais de votre pensée actuelle, je le connais par ces caractères d'imprimerie tracés dans la *Revue du mois* ; et si la pensée de Diderot a eu de l'influence sur la vôtre, c'est aussi par des caractères d'imprimerie ; tout ce que nous savons, nous pouvons le représenter ainsi, par des signes qui sont purement spatiaux. Symboles, dites-vous ; je veux bien, mais quels beaux symboles ! Je les admire autant que vous pouvez admirer l'épiphénomène de conscience. Ils sont conventionnels ? d'accord ; mais ceux du phonographe ne le sont pas et sont aussi puissants ; je considère le *son* comme un épiphénomène du mouvement de l'air qu'a enregistré le phonographe ; au même titre, la conscience que vous avez de votre pensée est un épiphénomène du mouvement de votre cerveau ; que vous puissiez traduire cette conscience en signes purement spatiaux, et me faire assister de loin, par la poste, aux merveilleux phénomènes qui se passent sous votre crâne, cela me donne à penser justement qu'il ne s'y passe rien que de mesurable et de spatial. Évidemment, je tourne dans un cercle vicieux et je ne démontre rien à personne ; pour moi qui suis persuadé qu'il n'y a rien que de physico-chimique dans mon cerveau, cette démonstration était inutile ; pour vous qui êtes convaincu que votre message symbolique éveille seulement dans ma conscience, par une réversibilité qui vous paraît naturelle, des phénomènes extra-physiques du même ordre que ceux qui se sont passés dans le vôtre, mon raisonnement ne vaut rien ; je n'y tiens d'ailleurs pas beaucoup ; mais cela m'a amusé de le faire, parce que je me suis imaginé, en le faisant, qu'il vous convaincrait. Je vois bien maintenant qu'il ne vaut rien ; mais où serait le plaisir de la discussion si l'on n'était pas convaincu, à chaque instant, qu'on a terrassé son partenaire.

*
* *

Il me reste à me défendre d'un reproche que vous m'avez fait et que je ne mérite pas ; je veux parler du caractère exclusivement utilitaire des recherches scientifiques. Je ne crois pas avoir jamais rien dit qui puisse s'interpréter ainsi, car je ne saurais confondre la science, trésor collectif de la fourmilière humaine, avec le mécanisme personnel de chaque individu, animal ou homme. C'est seulement dans le perfectionnement de l'égoïsme personnel que l'utilité des conquêtes sur le milieu est évidente. Si notre système sensoriel était construit de manière à nous faire voir une bosse là où il y a un trou, nous courrions les plus grands dangers ; il a fallu, pour que notre espèce se soit perpétuée, que notre adaptation au milieu nous ait permis de résister victorieusement aux causes ambiantes de destruction. Il doit donc y avoir, dans l'organisme de chaque animal, tout un trésor de qualités utiles; je donnerai, si vous voulez, à ce trésor héréditaire, le nom de logique ou de bon sens, englobant pêle-mêle, contre l'usage, dans ces appellations, les caractères anatomiques de bonne constitution et les caractères cérébraux qu'on étudie ordinairement dans le langage subjectif de la psychologie. On donne plus couramment à cet ensemble le nom d'*instinct de la conservation*; mais je n'aime pas cette manière de parler, à cause des discussions interminables que soulève la question de l'instinct et de l'intelligence; l'instinct de la conservation comprend l'intelligence individuelle; je voudrais bien voir supprimer du vocabulaire ces deux mots qui ne riment plus à rien de précis.

Il y a donc, en chaque animal, un héritage obligatoire de qualités utiles; c'est avec une portion de cet héritage que nous faisons des mathématiques. Mais il y a, à côté de cela, tout le fatras des erreurs ancestrales, ce que j'appelais tout à l'heure notre bagage métaphysique; nous y tenons en général plus qu'à notre logique; une grande partie de notre langage articulé lui est consacrée, et nous le mêlons volontiers à tout. C'est pour cela que la langue mathématique, qui n'en peut pas tenir compte, nous est si précieuse. Il y a aussi, à côté de ce bagage métaphysique, un héritage particulier aux animaux ayant longtemps vécu en société, héritage résultant de la fixation, dans notre structure, d'une partie des lois sociales des temps passés, et que l'on appelle la conscience morale; l'origine utilitaire de notre conscience morale est évidente, quoique aujourd'hui, à cause des nouvelles conditions de la société humaine, cette conscience morale soit souvent en contradiction avec l'observance des lois. Elle a néanmoins encore du bon, parce qu'elle met un frein aux appétits personnels d'individus trop disposés à oublier qu'ils vivent en société; mais elle a du mauvais aussi, puisqu'elle peut nous imposer un devoir ancien qui ne concorde pas avec notre devoir actuel.

Il y a de tout cela dans l'homme, et d'autres choses encore auxquelles je ne pense pas pour le moment, sans compter celles que j'ignore; et nous mettons de tout cela dans notre *science*. Cela n'aurait pas lieu si nous acceptions avec Kant de réduire la science à l'ensemble des vérités susceptibles d'une expression mathématique.

En attendant, nous sommes convaincus, vous et moi, que nous nous livrons en ce moment, à une discussion *scientifique*; et cependant son inutilité est évidente; nous y mélangeons de la logique, de la métaphysique, voire même de la morale, et cela est très agréable; il faut bien faire fonctionner son mécanisme, et il y a de la métaphysique dans notre mécanisme, comme il y a des pattes à un cheval; nous nous amusons d'elle, comme un jeune poulain s'amuse de ses pattes en folâtrant dans un champ; or, il est reconnu qu'il est fort utile à un poulain de faire des cabrioles; cela développe ses muscles et en fait un cheval vigoureux. Pourquoi refuser une utilité analogue aux spéculations philosophiques; elles nous amusent, nous qui nous y livrons, et cela n'est pas vain, comme disait le bon Renan; cela vaut toujours mieux que les discussions politiques, qui sont probablement aussi vaines, et au cours desquelles on est amené le plus souvent à détester ses adversaires, peut-être parce qu'on croit à leur utilité!

Il serait ennuyeux de faire de la philosophie sans avoir de contradicteur; on ne joue pas seul aux échecs! je ne m'attristerai donc pas trop, mon cher maître, si nous ne sommes pas tout à fait d'accord; je vous en aimerai peut-être davantage. Vous êtes un de ceux qui ont le plus contribué à me donner le goût des spéculations scientifiques, et, quelle que soit votre modestie, je ne considèrerai jamais comme inutile ce que vous m'avez appris il y a vingt ans.

FIN

TABLE DES MATIÈRES

DEUXIÈME PARTIE

CONSÉQUENCES HUMAINES DE L'ATHÉISME

CHAPITRE III

Conséquences sociales.

CHAPITRE IV

Conséquences privées.

CHAPITRE V

Quelques considérations sur la religion du peuple.

CHAPITRE VI

Opinions absolues émises du point de vue scientifique dans des questions d'enseignement.

Pages

TROISIÈME PARTIE

L'ATHÉISME SCIENTIFIQUE OU MONISME

CHAPITRE VII

Défense du monisme.

CHAPITRE VIII

Quelques objections au monisme.

CHAPITRE IX

Objections de M. Jules Tannery.

CHAPITRE X

Réponse à M. Jules Tannery.

9545-6-07 — PARIS — IMPRIMERIE HEMMERLÉ ET Cie

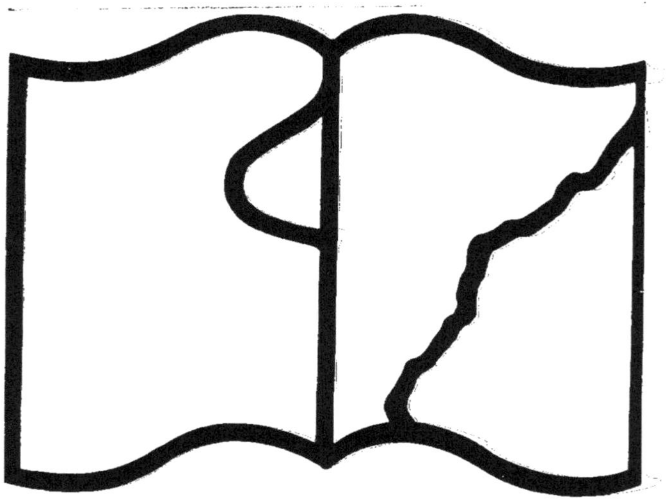

Texte détérioré — reliure défectueuse

NF Z 43-120-11

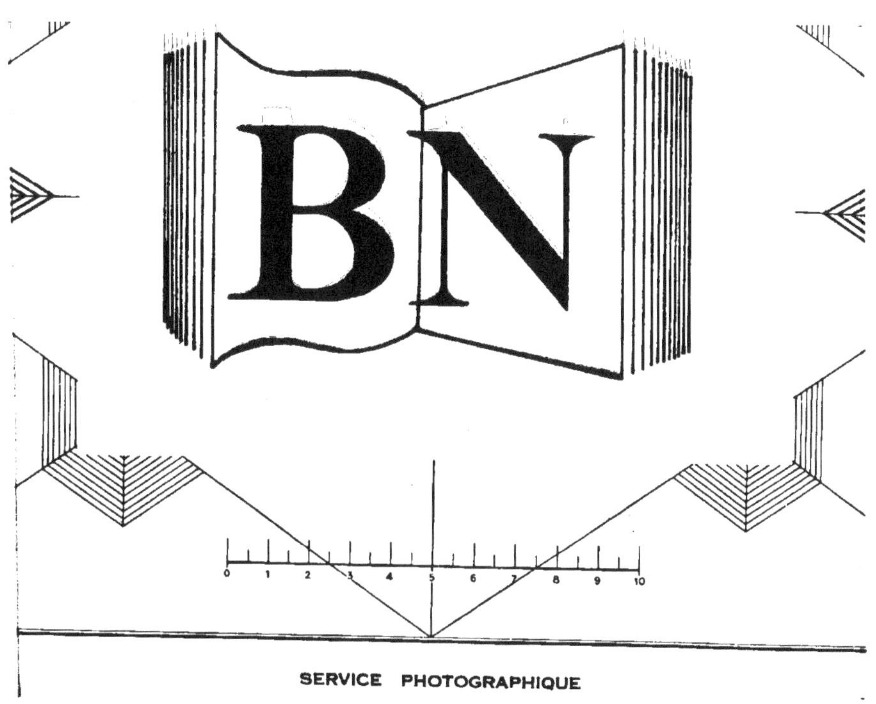
BN
0
1
2
3
4
5
6
7
8
9
10
SERVICE PHOTOGRAPHIQUE

www.ingramcontent.com/pod-product-compliance
Ingram Content Group UK Ltd.
Pitfield, Milton Keynes, MK11 3LW, UK
UKHW021903260726
13966UKWH00006B/405